독자님, 이렇게 책으로 만나뵙게 되어 영광입니다.

블로그, SNS, 유튜브 등에 이 책을 읽은 리뷰를 남겨주시면

큰 힘이 됩니다.

리뷰에는 사진을 찍어 올려주시면 더욱 감사합니다♡

동영상으로 촬영하셔도 됩니다.

독자님의 따뜻한 리뷰와 감상평은 독서의 시간을 더욱 아름답게 할 것입니다.

앞으로도 더 좋은 책으로 만나뵙겠습니다.

난생처음 중년연습

난생처음 중년연습

초판 1쇄 발행 | 2020년 11월 30일

지은이 | 최윤호, 김수미
펴낸이 | 김지연
펴낸곳 | 마음세상

주 소 | 경기도 파주시 한빛로 70 515-501

신고번호 | 제406-2011-000024호
신고일자 | 2011년 3월 7일

ISBN | 979-11-5636-433-7 (03190)

원고투고 | maumsesang2@nate.com

* 값 13,200원

*마음세상은 삶의 감동을 이끌어내는 진솔한 책을 발간하고 있습
니다. 참신한 원고가 준비되셨다면 망설이지 마시고 연락주세요.
이 도서의 국립중앙도서관 출판예정도서목록(CIP)은 서지정보유통
지원시스템 홈페이지(http://seoji.nl.go.kr)와 국가자료종합목록 구
축시스템(http://kolis-net.nl.go.kr)에서 이용하실 수 있습니다. (CIP
제어번호 : CIP2020045715)

난생처음 중년연습

최윤호 김수미 지음

마음세상

Part 1.
꼰대의 글쓰기

인생 버킷리스트(Bucket List)목록 1호

버킷리스트는 인생을 떠올리게 하고, 가장 하고 싶은 이야기를 떠올리게 된다. 우리는 평생 한번은 꼭 해보고 싶은 목록으로 이해한다. 하지만 원뜻은 그렇게 소중하거나 중요한 이야기가 아니라 비참한 결론을 끌어내는 과정 속의 모습을 말한다. 'kick the bucket'에서 유래한 말로서 목을 매기 위해 올라간 양동이를 걷어차는 자살 방법을 뜻한다. 우리가 흔하게 사용하기 시작한 것은 2007년 영화 '버킷리스트' 이후였으니 그리 오랫동안 사용한 단어는 아니다.

하지만 그 이후 모든 사람에게 새롭게 인식된 버킷리스트의 의미는 죽기 전 꼭 이루고 싶은 것들의 목록이니 그 의미의 변화가 다행처럼 느껴진다. 누구나 한 번쯤은 버킷리스트를 적어봤을 것이다. 각자 처한 상황에 따라 그 리스트가 같을 수는 없다. 만약 아직도 적어본 일이 없다면 꼭 한

번은 적어 보길 바란다. 생각으로만 하고 있던 것을 글로 써보는 것만으로도 꿈이 아닌 목표가 될 수 있고 현실이 될 수 있다.

번지점프가 한창 유행할 때 우연히 참석한 강의에 버킷리스트를 써야 할 시간이 있어 전날 본 예능프로그램 속 번지점프가 생각나 '죽기 전에는 한번 해 보지 뭐'하며 그냥 대수롭지 않게 써넣었다. 그 후 버킷리스트는 까맣게 잊고 지냈다. 그런데 1년쯤 지나 팀에서 워크숍을 가게 되었고 마침 번지점프장 옆을 지나가면서 갑자기 번지점프를 하기로 결정이 났다. 밑에서는 웃으며 보지만 위에서는 울면서 뛴다고 하는 번지점프는 두려움 그 자체였다. 수 없이 갈등을 하고 할까 말까 생각하고 있을 때 문득 그때 쓴 버킷리스트가 생각났다. '아~ 내 버킷리스트였네' 그 순간 버킷리스트 중 하나를 해결한다는 생각이 두려움보다 앞설 수 있었다.

서로 다른 사람들의 버킷리스트 중에서 나이가 들면서 유독 목록 속에 동일하게 들어가 있는 경우가 있는데 바로 책 쓰기다. 책 쓰기만큼 많은 사람의 버킷리스트에서 빠지지 않고 들어가 있는 것도 그리 많지 않다. 글 쓰는 데 자신 있는 사람도 그렇지 않은 사람도 목록에 꼭 집어넣는 걸 보면 온전히 자신의 책을 가지고 싶은 마음은, 많은 이가 간직한 소중한 꿈이라 생각된다.

물론 책 쓰기는 생각보다 그리 쉽지 않다. 연설이나 강의를 잘하는 사람도, 말을 현란하게 잘하는 사람도 글을 써야 하는 입장에 놓이면 이상하게도 어려워하고 힘들어한다. 아마 잘 써야 하고 글이 멋있어야 한다는 생각이 앞서기 때문일 수도 있다. 심지어 자기 말을 녹음해서 그냥 글로 바꾸면 좋겠다는 사람도 있다. 어떤 방법을 쓰든 상관없다. 글을 쓰는 것이 중요하지 방법은 그리 대수가 아니다. 버킷리스트 목록에 책 쓰기가 들어 있으면 그냥 한번 도전해보면 된다. 글 쓰면서 태어난 사람도, 처음부터 잘하는 사람도 없다. 책을 쓰고 싶으면 일단 글을 써보자. 나중에 책으로 나올지 안 나올지는 지금부터 고민할 문제가 아니다.

버킷리스트는 소중한 꿈이자 이루고 싶은 목표다. 만약 그 목록에 책 쓰기가 있다면 지금이라도 늦지 않았다. 종이와 연필, 아니면 컴퓨터만 있으면 된다. 당신의 버킷리스트 그중 하나가 시작되는 순간이다.

아무리 평범해도 남기고 싶은 이유가 있기에 글을 쓴다

자신의 흔적을 남기고 싶은 것은 인간의 본능이다. 자신의 이름과 족적을 남기고 싶은 마음은 누구나 같은 생각이다. 세월이 흘러도 남아있는 각종 비석을 봐도 그 이름 석 자 남기는 것이 얼마나 큰 가문의 영광인지 알 수 있다. 그만큼 자신의 흔적을 남기고자 하는 마음은 예나 지금이나 큰 차이가 없다. 글도 마찬가지다. 세월이 지나 자신에게 족쇄처럼 남아 있어 나쁜 영향을 주는 글도 있고 역사 속의 위대한 글처럼 세대를 건너 칭송을 받는 글도 있다.

예전과는 다르게 책을 쓰는 사람이 많아졌다. 지극히 평범한 사람의 일상 이야기로만 쓰인 글도 많다. 그런데 그런 책을 찾는 독자가 존재한다. 그 이유는 공감 때문이다. 삶에 대한 공감이나 지식에 대한 공감이 지극히 평범할 수 있는 책을 선택한다. 사회적 지위를 가지고 있거나 이미 글로서

명성을 가지고 있는 사람이 아니라고 해도 책을 쓸 기회가 존재한다는 의미다.

사회생활 이삼십 년이면 얼추 할 만큼 했다고 본다. 인생을 다 산 건 아니지만 나름 나누고 싶거나 남기고 싶은 이야기가 분명 존재한다. 그 사람들이 바로 꼰대나 라떼라는 소리를 듣는 세대다. 그들이 지금까지 겪어온 경험과 지식의 수준은 상당하다. 최소한 2~30년을 사회생활을 했으니 담아야 할 이야기도 어마어마하다. 걸어온 삶에 대한 이야기가 될 수도 있고 지금까지 쌓은 지식과 노하우가 될 수도 있다. 그것을 글로 보여주는 것은 상당한 이타심을 가지고 있어야 가능하다. 어쩌면 걸어온 길에 대해 과정을 남기고 싶은 열망일 수도 있다.

"언제 썼어?", "그런 글재주가 있었어?"

책을 출간하고 나서 많은 사람으로부터 들었던 얘기다. 일하면서 써야 했으니 늦은 저녁이나 휴일은 무조건 글을 써야 했고, 남들보다 글재주가 그리 없어 글을 쓰면서 글에 대해 배우는 경험을 했다고 할 수 있다. 소위 젬병이라고 할 정도로 글재주가 없었는데 글을 쓸 수 있었던 이유는 뭔가 남기고 싶은 열정이 아니었나 하는 생각이다. 그때까지 경험한 것을 정리해서 같은 일을 하는 후배들에게 남긴다면 좋겠다는 의지가 강할 때였다. 책으로 출간이 되지 못하더라도 최소한 지나온 경험을 한 번 정도 정리할 필요도 강하게 느낀 시점이었다. 결국 그 힘으로 글을 쓸 수 있었다. 지금 그 책을 보면 부끄러워 어디라도 숨고 싶은 생각이 들지만 그렇게 힘들게 글을 쓰고 책을 출간할 수 있었던 경험은 내 인생 최고의 경험이었다.

어떤 사람들은 책을 써야 전문가가 된다고 하고, 다른 이들은 전문가이기 때문에 책을 쓴다고도 한다. 그런데 글은 전문가가 되기 위해서 반드시 써야 하는 것도 아니고 전문가이기 때문에 쓸 수 있는 것도 아니다. 보통 사람이 누구나 공감할 수 있는 평범한 이야기를 쓰는 것도 좋은 책으로 출간될 수 있다고 생각한다. 나랑 비슷한 사람의 생각이 더 정감이 가고 끌린다. 글을 쓰고 책을 출간하고 싶은 사람은 불평하고 불만족스러운 삶을 살아온 사람이 아니다. 긍정적이고 삶에 최선을 다했으며 조금은 부족해도 만족할 줄 아는 사람만이 가질 수 있는 소소한 특권이다. 평범하지만 살아온 인생에서 글을 쓸 수 있는 소재를 많이 끄집어낼 수 있는 조건도 된다.

최소한 자신이 살아온 삶이 그렇다면 일단 글을 쓸 수 있는 이유는 차고 넘친다.

책을 쓴다는 것은
글 쓰는 것에 중독된다는 말과 같다

중독된다는 것은 그 대상이 무엇이든 경험하는 순간의 느낌과 감정을 잊지 못하기 때문이다. 살아오면서 한 번도 느끼지 못한 그 순간의 짜릿함과 쾌감은 다른 이의 것이 아니라 온전히 자신만의 것이기에 강도가 더 커지게 된다. 또한 그 감정을 느끼기까지의 과정에 숨어있던 고통과 인내는 쉽사리 잊히니 다시 반복할 수밖에 없다. 등산을 즐기는 사람을 만나면 산에 갈 때 항상 반복하는 말은 '다시는 안 온다'는 말과 '언제 또 올까'라는 말이라고 한다. 산 정상에서 짧은 순간 느끼는 그 감정이 지나온 길의 기억을 삭제하고 산에서 내려오는 순간 다시 다음을 기약하게 되는 중독성을 갖게 한다.

너무나도 평범한 삶을 살아왔어도 자신의 삶과 경험을 글로 남기고 싶어 하는 사람이 많고 그것을 상업적으로 이용하는 사람도 많으니 상호작용에 의해 점점 더 그 수가 많아지는 게 아닌가 싶다. 또한 블로그나 페이스북, 인스타그램과 같은 SNS는 평범한 사람도 불특정 다수와의 교류할 기회를 제공해주고 글에 대한 두려움도 줄여줄 수 있으니 그 효과가 책으로 나타날 수 있었다는 점도 부인할 수 없다. 이런 사회 분위기와 기술의 발달로 누구나 책을 쓸 기회가 주어진다는 것은 정말 기쁜 일이다.

어느 날 갑자기 SNS에 올린 글 하나에 반응하는 사람들의 모습에 글에 대한 자신감을 가질 수 있다. 하물며 누구의 주목도 받아본 적이 없는 내가 쓴 글이 만약 책으로 나온다면 그건 아마도 한 번도 경험하지 못한 감정을 갖기에 충분한 조건이다. 물론 베스트셀러가 되고 돈도 벌면 좋겠지만 그렇지 못해도 책만으로도 그 기분은 쉽게 사라지지 않는다. 책 출간은 해보지 못한 사람은 있어도 한 번만 해본 사람은 없다고 한다. 책 쓰기는 그 정도의 중독성을 가지고 있다. 전업 작가가 아닌 이상 쉽게 경험할 수 없는 일이기도 하지만 한 번의 경험이 생기면 그땐 쉬사리 멈추지 못 하는 일이다.

책을 출간하기까지의 과정은 절대 쉽지 않다. 최소한 A4용지로 100장은 되어야 하고 글자 크기도 10폰트로 줄 간격 없이 써내려 가야 한다. 그렇게 다 쓴다고 해도 자비출판이 아닌 이상 출판사에 원고를 투고해야 하고 선택을 받아야 한다. 우연히 인연이 닿아 출판사와 계약이 이루어져도 그때부터 원고를 수정하는 시간이 필요하고 편집과 디자인까지 시간이 필요하다. 쉽게 이루어지는 일들이 아니다. 쓴 글은 쉼 없이 고쳐야 하고 수정해야 한다. 몸과 마음이 지칠 정도가 되어서야 마무리 원고를 넘길 수 있다. 심지어 원고 수준의 문제로 계약이 깨질 수도 있다.

그런데 힘든 시간을 보내고 드디어 책이 서점에 깔리기 시작하면 이루 말할 수 없는 감동의 순간을 맛볼 수 있다. 내 이름 석 자로 낸 책이 서점에 자리 잡으면 지나온 모든 기억을 다 잡아먹는다. 그렇게 중독이 시작된다. 출판까지의 과정이 쉽고 평탄하지 않다는 것도 잘 안다. 힘들게 쓴 원고가 아예 갈아엎거나 폐기되어 버릴 수도 있다. 하지만 멈출 수 없다. 그게 바로 글쓰기 중독이다.

매일 써야 한다

뭘 써야 할지 알겠는데 어디서부터 시작해야 하고 어떻게 마무리해야 하는지 도통 감이 오지 않는다. 남들이 써 놓은 글을 보고 책을 뒤져봐도 해답이 없다. 글쓰기에 대한 대부분의 조언은 딱 한 가지, 무조건 쓰라는 것이다. 책을 많이 읽어야 어떻게 써야 할 지 알 수 있다는데 그만큼 책을 읽어도 자판 위에 놓인 손은 한자리만 맴돈다. SNS에 올리듯이 몇 글자 끄적거리는 건 할 수 있는데 한 장을 채워야 하는 게 이렇게 힘든 일인지 몰랐고 종이 한 장의 크기가 이렇게 크다는 걸 처음 알았다. 다른 사람이 쓴 글을 읽을 땐 전혀 느껴보지 못했던 수준의 공백이다. 남의 글을 평가만 해봤지 정작 내 글은 시작도 못 한다는 자괴감조차 밀려온다.

처음 글을 쓰겠다고 하면서 지금까지의 쌓아온 지식을 글로 표현해 보고 싶었고 책으로 만들어보려고 했다. 한 줄을 시작해보고 고치고 또 고치고를 반복하면서 시작과 동시에 포기하고 싶은 마음마저 들었으니 나의 글 쓰는 수준은 알 만했다. 이미 글을 쓰는 지인들에게 조언을 부탁해도 돌아오는 답은 '일단 써 보세요'였다. '어떻게'에 대한 해답은 없었다. 그런데 그게 맞는 답이다. 무조건 써야 한다. 뭔가를 쓰겠다는 건 주제 정도는 정해져 있다는 것이다. 그렇다면 무조건 쓰는 게 맞다. 그리고 꾸준히 써야 한다. 하루에 몇 장 쓰고 한 달 뒤에 다시 또 몇 장 써봐야 소용없다. 매일 한 장씩 쉼 없이 써보자.

며칠을 끙끙대며 처음으로 한 장을 마무리하고 어깨를 펴는 순간, 겨우 한 장을 마무리했을 뿐인데 머릿속이 복잡했다. '계속할 수 있을까? 내 주제에 무슨 책이야. 책으로 나오지도 못하면 고생만 하는 건데, 그냥 하지 말까?' 그러면서 마음을 정리하기 시작했다. 처음부터 책을 쓰겠다는 생각이었지 글을 써보겠다는 마음이 아니었다. 그게 문제였다. 글은 멋있고 화려하게 잘 써야 한다는 강박감이 그렇게 만들지 않았나 하는 생각이 들었다. '차라리 책이란 목표를 접어두고 쓰려고 했던 것들을 정리한다는 마음으로 써보자'. 이것이 정답이었다. '매일 한 장씩 꼭 쓰자'

그다음부터는 책을 쓰는 것이 아니라 글을 쓰기 시작했다. 경험이 정리되기 시작했고 이야기로 다시 태어나기도 했다. 점차 한 장을 쓰는데 하루가 걸리던 시간이 절반으로 줄어들고 또 그 절반으로, 마침내 두시간 정도면 한 장을 채울 정도로 속도가 빨라지기 시작했다. 글이 기술이 아니라 기능이 되는 순간이었다. 중요한 것은 생각이고 그 생각을 글로 옮기는 작업이 글쓰기인데 생각에 초점을 두지 않고 글에 중심을 두면 무게중심이 변한다. 결국 생각을 글로 옮기는 기술을 반복해보니 쓰는 기능이 발달할 수 있었다.

글도 습관이다. 하루라도 글을 안 쓰면 아쉬워해야 한다. 지금부터 쓰는 글은 생각을 표현한 글일 뿐이다. 그 글이 책이 되게 하려면 아직 수없이 많은 관문이 남아있다. 그 관문들을 넘기 위해서는 많은 글이 필요하다. 많은 글을 쓰려면 결국 지금부터 글 쓰는 습관이 충분히 자리 잡아야 한다.

'쓰고 또 쓰자. 계속 쓰다 보면 습관이 되고 실력도 는다'

말하듯이 쓰는 이유는 쉽게 쓰기 위해서다

말을 하는 것을 직업으로 삼고 살아가는 사람이라도 그 말을 글로 표현해보라고 하면 어려워하는 사람들이 많다. 직감에 의지하는 유형의 사람들이 보통 그렇다. 본인이 순간 떠오른 생각을 즉시 말로 표현하는 기술은 뛰어나다. 그런데 그 느낌을 다시 글로 표현하려고 하면 쉽게 글을 쓰지 못하는 유형이다.

'생각을 말로 표현하는 건 쉬운데 글로 표현하는 건 어려워'

그 사람의 성향으로 봐서 당연하다. 단지 연습이 안 되어 있을 뿐이다. 글은 쉽게 쓰라고 한다. 초등학생도 읽을 수 있을 정도의 수준으로 쓰는 것이 가장 좋다고 하니 그 수준이 어느 정도인지 가늠이 잘 안 된다. 수준을 업그레이드하는 것이 아니라 다운그레이드하는 것이라 처음에는 쉽게 접근해보지만 사실 더 어려운 작업이다.

마치 드라마를 직접 보며 전달하고 있는 것처럼 이야기를 재미있게 풀어나가는 사람들이 있다. 그런 사람들은 드라마의 장면들과 상황을 감정을 덧붙여 말로 전달하며 상상할 기회도 준다. 어떤 사람은 같은 드라마를 봤음에도 그 이야기를 들으면서 더 빠져들기도 한다. 말 그대로 이야기꾼들이다. 주변에 그런 사람 한두 명은 꼭 있다. 왜 그럴까? 타고난 끼가 있으니까 가능하다고도 하지만 그것보다는 이야기하는 것을 즐기고 그 이야기를 들어주는 사람들의 반응에서 느끼는 성취감이 있기 때문이다. 이야기를 잘하기 위해서 무엇을 해야 하는지 느낌으로 이해한 경우라고 본다. 어떻게 말을 해야 쉽게 이야기를 풀 수 있고 어디서 억양을 조절하며 말을 해야 하는지 경험으로 깨우치지 않았을까?

자기 생각을 표현하는 방법은 말로 하거나 글로 쓰거나 둘 중 하나다. 단지 말은 남아 있지 않아 찾기 쉽지 않지만, 글은 남는다. 단지 그 차이가 있을 뿐이다. 결국 생각을 표현할 수 있는 말을 글로 표현하는 것이 글쓰기다. 그래서 말하듯이 글을 써보라고 권한다. 말을 글로 표현하라는 말이 아니다. 말 그대로, 말하듯이 글을 써보라는 의미다. 쉽지 않다면 녹음이라도 해보자. 그 녹음파일을 첨삭 없이 그대로 글로 써보는 것도 좋다. 말하듯이 쓴 글들이 실제로 술술 잘 읽힌다. 그것은 편안한 문맥을 가지고 있고 감정도 실리기 때문이다.

말을 잘하는 사람들을 살펴보면 듣는 사람이 이해하기 쉽게 말을 하는 공통점이 있다. 어려운 용어도 쉽게 풀이해 주면서 듣는 사람이 자신의 의도를 분명히 이해하도록 한다. 이 말들을 글로 쓴다고 생각하면 되는데 글을 쓰면서 이 방법이 가장 어려운 일이지만 가장 쉬운 방법이기도 하다. 해답은 있다. 버리는 데 있다. 머릿속에 있는 모든 것을 끄집어내서 한 문장을 완성하려고 애쓰면 어려워질 수 있다. 그래서 글쓰기가 어렵다고 느끼지 않는가? 화려한 문장이지만 이해하기 어렵다면 독자는 힘들어한다. 화려하지 않더라도 읽는 사람이 편하고 작가의 의도를 분명히 이해한다면 그것이 더 효과가 있다.

그래서 꼭 써야만 할 것 같은 화려한 문장과 단어를 버리면 글이 더 쉬워진다.

좋은 글은 고친 글이다

나는 매월 신문에 기고하는 원고를 쓴다. 몇 년간을 꾸준히 써온 글이기에 부담스러울 정도는 아니지만 그래도 원고 마감 때가 되면 어김없이 긴장된다. 항상 새로운 주제도 선정해야 하고 트렌드에 맞아야 하니 자료 조사도 만만치 않다. 길지 않은 원고임에도 그런 수고가 들어가야 한편의 원고로 그 가치를 다할 수 있다. 그런데 그 원고를 쓰기 위해 집중하는 노력에 비해 지면으로 나온 결과물을 봐야 하는 수고는 그다지 하고 싶지 않다. 하지만 나는 마음과는 다르게 반드시 원고가 실린 자료를 꼭 살펴보는 습관이 있다. 저자의 입장이 아니라 독자의 입장에서 읽어보고 싶기 때문이다.

내 글을 다시 보는 것이 가끔은 두렵기도 하다. 실수한 곳이 보일 수도 있고 지금의 감정과는 다른 생각을 표현했을 수도 있으니 그 두려움은 배가되기도 한다. 하지만 활자로 나온 그 글을 다시 읽어보면 여지없이 튀는 부분이 나타난다. 어쩌다 보면 비문도 보이고 원고를 쓸 때의 생각과 다르게 표현되는 글로도 보인다. 수십번을 반복하는 일인데도 항상 비슷하다. 다시 고칠 수만 있다면 고치고 싶은 부분이 꼭 있다. 이미 인쇄되어 나왔으니 고칠 수도 없다. 마음만 속상할 뿐이다. 글을 수십번을 고치고 수정하면 더 좋은 글이 된다는 것은 정설이다. 꼭 다이아몬드가 만들어지기 위해 원석을 가공하는 작업과도 같다.

'좋은 글은 고친 글'이란 말도 있다. 단 한 번에 써 내려가는 기술, 그건 글만 써서 먹고사는 전문직이라도 불가능하다. 글은 쉼 없이 고치고 또 고치면 가공력이 더해진다. 그런 과정을 거친 글도 시간이 흘러 다시 보면 또 고치고 싶어지니 그 끝은 없다는 생각도 든다. 원고완성은 수정과의 싸움이다. 마지막 원고를 탈고할 때까지는 저자의 몫이다. 가끔은 원고를 하루 이틀 정도 아예 쳐다보지 않는 것도 좋은 방법이다. 원고와 거리를 두고 시간을 보내고 다시 원고를 살펴보면 이상하게도 보이지 않던 오류나 고치고 싶은 문장이 꼭 나온다. 과열된 감정을 식히면 다시 볼 수 있는 냉철함을 가질 수 있기 때문이다.

그림을 그릴 때 처음 그린 그림을 스케치나 밑그림이라고 한다. 단지 스케치는 작가가 원하던 방향만 제시할 뿐, 색을 칠하고 입혀서 완성하면 바탕에 있던 스케치는 전혀 보이지 않는다. 스케치와 같은 것이 바로 초고다. 작가들은 초고를 거친 말로 심지어 '쓰레기'라고까지 부른다. 물론 그 정도로 깎아내릴 수는 없는 소중한 글들이다. 하지만 마지막 퇴고까지 얼마나 많은 수정을 해야 하는지 알기 때문에 그렇게 말하는 게 아닐까? 글을 쓴다는 것도 큰 노력과 고통이 따르는 일이다. 그런데 그 글을 다시 고치고 수정하는 과정은 더 큰 참을성을 요구한다.

　누가 글을 고치라고 하지 않아도 글은 고치게 된다. 쓰는 사람이 알아서 고치는 수순을 밟을 수밖에 없다. 그렇게 수없이 고치고 고친 글이 결국 좋은 글이 된다. 말은 소리를 이용해 전달되기 때문에 그 자취를 찾을 수 없다. 시간이 흐르면 왜곡될 여지도 너무 많다. 하지만 글은 고스란히 남아있어 왜곡될 여지가 거의 없다. 글을 쓴 사람의 기분과 느낌을 글로 표현했다면 세월이 흘러도 그 느낌은 남아있다. 그래서 골백번 고치는 한이 있어도 가장 좋은 글을 만들어야 한다.

쓰고 싶은 글보다
읽고 싶은 글을 써야 한다

　처음 글을 쓸 때 글을 쓰면 남들이 잘 읽어줄 거로 생각했다. '이렇게 귀중한 내용을 알려주는데 읽지 않는다는 게 더 이상하지 않은가?' 내 첫 번째 원고는 그렇게 말도 안 되는 무지에서 시작했다. 무식하면 용감하다고 했던가? 처음부터 열정을 다해 썼다. 심지어 퇴근하고 그다음 날 새벽 출근 전까지 쓰기도 했다. 몸도 마음도 힘들긴 했지만, 글을 쓰는 것 자체만으로도 즐거웠다. 지금까지의 경험과 지식을 글로 표현하면서 더 강한 믿음을 갖게 되었으니 '근자감'으로 충분했다. 수많은 경험이 글로 쌓이면서 '이 글을 읽는 모든 사람은 충분히 만족할 거야, 아마 이 내용만 알고 있으면 인생이 바뀔걸?'하고 생각했다.

　그렇게 석 달을 꼬박 투자하니 두툼한 원고가 만들어졌고 인터넷을 뒤져 출판사를 선택해서 원고를 보내기 시작했다. 수십 곳의 출판사에 보낸 원고는 거절 회신과 무응답이 대부분이었고 그나마 미팅이라도 가능한 곳은 저자가 판매 가능한 수량을 원하거나 자비를 유도하는 수준이었다.

'내 원고 수준이 부족한가? 출판사에서 원하는 수준은 어떤 거지?' 도대체 알 수가 없었다. 자신감은 실망감으로 이미 떨어진 상태였고 패배감까지 느껴졌다. 왕초보에, 글도 처음 써보는 상태에서 가졌던 자신감들은 나 자신만의 환상이었다. 결국 전문가의 조언이 필요했고 지인을 통해 출판사의 편집자를 소개받아 만난 그날 미리 보낸 원고를 읽은 그분이 한 말들은 내 글의 수준을 처절하게 느낄 수 있게 해 주었다.

"차라리 논문을 쓰세요. 이건 일반인들이 읽을 수 있는 책이 아니죠."

"멋있게 쓰려고 애를 쓰셨는데 너무 어려워요."

"비문도 너무 많아요."

"초등학생도 읽을 수 있는 수준으로 생각하고 글을 써보세요."

"쓰고 싶은 글을 쓰는 건 자유지만 그 글을 읽고 싶은 사람은 없을 수 있어요"

그 원고의 대부분은 당연히 휴지통으로 사라졌고 처음부터 다시 시작해야 하는 상황이 벌어졌다. 그때는 정말 내가 가지고 있는 경험과 지식까지 전부 휴지통으로 들어가는 것만 같은 심정이었다. 지금도 그 순간만큼은 잊지 않으려고 한다. 그때 들었던 그분의 조언이 강렬했던 건 그런 사소한 글쓰기의 기본조차 나에게는 없었기 때문이다. 운동을 시작해도 기본자세가 필요하고 언어를 배워도 기초가 중요한 것처럼 글쓰기도 가장 기본 되는 것을 알아야 했는데 그런 기본도 모르고 덤빈 결과는 당연히 비참할 수밖에.

나는 내가 쓰고 싶은 글을 썼고 나 자신이 만족할 수준으로 글을 썼다. 그래서 자기만족이 컸다. 지금도 그 생각만 하면 부끄럽다. 나의 첫 번째 원고는 그렇게 사라졌고 돈을 주고도 못 살 소중한 경험을 얻을 수 있었다.

'쓰고 싶은 글보다 읽고 싶은 글을 쓰세요'

많이 읽어야 하지만 잘 읽어야 한다

40~50대에게 지금까지 책을 얼마나 읽었냐고 물어보면 대부분 1년에 몇 권 아니면 거의 읽지 않는다고 답한다. 한 달에 최소한 한 권 이상 읽는 사람을 찾기는 쉽지 않다. 스마트폰이 발달하기 시작하고는 더 심하다. SNS의 글은 읽어도 서점에서 책 한 권 사서 읽기는 어렵다. 공공도서관이라도 가서 책을 읽으면 좋겠지만 그것도 마음먹은 대로 실행하기가 어렵다. 책을 읽기 위해 시간을 내기 어렵다는 게 큰 이유라지만 그보다는 독서에 시간을 투자해서 얻을 수 있는 정보보다 기술의 발달로 인해 클릭 몇 번으로 쉽게 얻을 수 있는 정보가 수없이 많기 때문에 가성비 차이가 발생한 것이 가장 큰 이유가 된다고 여겨진다.

문화체육관광부에서는 2년마다 '국민독서 실태조사'를 한다. 2019년 조사에서 연령대별 독서량을 보면 전자책을 포함하여 20대 이상 성인은 연평균 7.5권, 초,중,고등학생은 41권을 읽는다고 한다. 성인만을 기준으로 독서율을 살펴보면 20, 30대와 40, 50대를 비교했을 때 현저한 차이를 보인다. 20, 30대는 75% 이상의 독서율을 보이지만 40, 50대는 평균 50%를 조금 웃돌 정도의 독서율을 보인다. 이 자료는 표본조사의 특성으로 보아 우리가 흔히 자신과 주변에서 느끼는 독서 수준보다는 더 높은 수치를 보여 다소 거리감은 있어 보이지만 중요한 점은 나이가 들수록 책을 읽지 않는다는 것이다. 재미있는 건 이 세대들이 가장 책을 쓰고 싶어 한다는 점이다.

처음 책을 쓰려고 하는 사람들에게는 다른 사람이 쓴 유사한 책을 많이 읽어보라고 권한다. 이미 출간이 된 책들이니 글의 수준은 검증이 되었고 그 글들을 읽다 보면 어떻게 글을 써야 할 지 잘 알 수 있기 때문이다. 그런데 그 책들을 읽고 다시 자신의 글을 쓰려고 하면 막막하긴 마찬가지다. '다른 책들은 저렇게 술술 잘 썼는데 나는 왜 안 되지? 역시 난 안되나 봐' 하는 상실감도 생긴다. 그런데 그 이유는 당연히 있다. 그 책들을 많이 읽으려고만 하기 때문이다. 그 책들도 분명 작가의 의도가 분명할 것이고 그 의도를 표현하기 위해 한 줄 한 줄 모든 문맥에서 고심한 모습이 있다. 그래서 잘 읽어야 한다.

작가의 입장에서는 자신의 의도를 나타내고 표현하기 위해 단 한 줄, 한 단어라도 쉽게 쓰지 않는다. 그래서 작가의 입장에서 그 글을 쓴 의도를 읽을 수 있어야 한다. 이것이 잘 읽는 방법이다. 글 쓰는 것을 배우고 싶어서 읽는 사람은 독자의 입장으로 읽지 말아야 한다. 그 수준을 뛰어넘어야 한다. 작가의 입장에서 과연 왜 이런 표현을 했는지 어떻게 생각하며 썼을지 고민하면서 읽어야 한다. 자간 여백을 읽을 수 있어야 하고 작가들의 표현방식의 차이도 살펴봐야 한다.

필사해보는 것도 좋은 방법이다. 책을 읽으면서 글을 옮겨 써보면 글의 흐름을 알 수 있고 문맥을 이어가는 방법을 터득할 수 있다. 다른 책을 복제하거나 모방을 하라는 것이 아니다. 벤치마킹하자는 의미다. 벤치마킹은 새로운 창조를 위하는 과정이지 복제나 모방과는 전혀 다른 개념이다. 자신이 도움을 받을 수 있는 책이 많이 있다는 것이 얼마나 다행인가? 그 책들을 벤치마킹하여 자신의 글을 업그레이드하면 된다. 그렇게 하기 위해서는 많이 읽어야 한다.

그리고 반드시 잘 읽어야 한다.

글을 쓰면 바뀌는 것들

　글 쓰는 사람을 보면 글쓰기에 적합한 성향을 지닌 경우가 많다. 원래부터 그런 성향이었으니 글을 쓸 수도 있지만 그렇지 않고 글을 쓰면서 성향이 바뀐 경우도 있다. 아니면 글을 쓰면서 잠재되어 있던 자신의 성향이 나타났을 수도 있다. 글 쓰는데 성향이 무슨 상관이 있겠냐는 질문이 있을 수 있다. 그런데 막상 글을 써보면 자신의 성향이 변하는 것을 느끼게 된다. 어쩔 수 없이 없던 인내심이 생기고 머리가 복잡해질 정도로 생각을 많이 한다. 책을 읽어야 하고 그 느낌을 간직해야 하며 좋은 글을 위해 나쁜 생각을 줄인다.

　또한 감정과 논리를 구분할 수 있고 해결안을 찾기 위한 과정을 도출하는 능력도 생긴다. 이러한 능력이 성향으로 연결된다. 잠재된 성향이 있었을 수도 있지만, 글을 쓰면서 생길 수밖에 없다. 또한 글을 쓰려면 배려를 생각하지 않을 수 없다. 독자를 배려하는 글 습관이 생기면 상대를 배려하는 자세도 만들어지고 관계도 달라진다. 또한 책을 출간이라도 하게 되면 자신에 대한 평가가 달라지므로 그에 적합한 마음가짐이 생긴다. 자신에 대한 자기애도 강해진다. 지금까지 살아온 삶의 궤도가 명확히 보이고 과정이 정리된다. 그러면서 자기 자신에 대해 좀 더 많이 생각하게 되고 앞으로의 삶을 대하는 자세가 바뀐다. 이렇게 바뀔 수 있는 모든 것이 자신의 성향과 연결되어 변화를 가져온다.

사물에 대한 집중도도 달라진다. 지나치는 모든 사물을 주의 깊게 살피고 관심을 둔다. 이름 모르는 꽃도 글의 소재가 되고 구름도, 날씨도, 시골길 덩그러니 놓인 부러진 의자도 좋은 글감이 된다. 그런 글감을 해치고 부수거나 상황을 나쁘게 그려낼 수는 없다. 그래서 글을 쓰게 되면 모든 사물을 사랑하는 마음이 생기게 된다. 글을 쓰면서 생기는 변화는 그 외에도 수없이 많다. 그런데 변화하는 모든 것들이 부정적이지 않고 긍정적이란 점이 가장 큰 매력이다. 글을 계속 쓰게 되면 글 쓰는 실력은 당연히 변하고 그뿐만 아니라 자신을 둘러싼 모든 것들이 변할 수 있다. 그 변화의 중심에 자기 자신이 서 있다고 생각해보자. 나의 변화로 주변 모든 것이 긍정적으로 변할 수 있으니 그만큼 소중한 변화가 또 있을까?

글을 쓰는 습관이 없었던 사람이 책을 출간하기 위해 글을 쓴다는 건 정말 위대한 도전이다. 그 이유가 무엇이든 글을 쓴다는 것만으로도 칭찬받을 만하다. 나이가 들어 자신을 나타낼 기회조차 없었던 사람이 글쓰기로 새로운 삶을 얻었다면 그 삶의 의미는 가치를 더할 수 있다. 그런 변화를 한 번 겪고 나면 그다음부터는 글이 변한다. 세상이 온통 예쁘고 아름다운데 쓰고 싶은 글의 형태가 변하지 않을 수 없다.

책을 쓰고 싶다는 마음만으로 시작한 단순한 출발이 자신을 변화시켜 새로운 삶의 출발점이 될 수 있다. 변화의 중심에 자신이 있고 내 주변의 모든 것들이 나로 인해 긍정적으로 변할 수 있다.

책 쓰기는 최소한 그런 힘이 있다.

책쓰기의 출발은 출판기획서다

책을 출판하기 위한 방법 중 가장 많이 쓰는 방법이 출판사에 원고를 투고하여 출판을 할 수 있는 기회를 잡는 것이다. 기획출판이라고 하는 방법이다. 기획출판은 좋은 원고가 목마른 출판사의 입장에서는 원고를 선택할 좋은 기회이고 작가의 입장에서는 자신의 원고에 적합한 출판사를 고를 기회이다. 하지만 여러 가지 이유로 인해 제출한 원고를 출판사가 선택할 수 있는 확률은 지극히 낮다. 그래서 원고 투고는 작가의 입장에서는 첫 번째 관문이자 마지막 관문이라 할 정도로 정성을 들이는 부분이다. 원고를 보내는 방법에는 특별한 방식이 존재하는 것이 아니기 때문에 출판사 담당자의 눈에 들면 된다. 단, 출판사에서 반드시 알아야 하는 내용으로 채워서 기획서 형태로 제출해야 하므로 출판기획서라는 것을 활용하여 원고를 소개한다. 원고를 완전히 다 쓴 경우도 있고 그렇지 않은 경우도 원고 투고는 가능하다. 단, 최소한 30% 이상은 작성하는 것이 좋은 방법이다. 원고 없이 기획서만으로도 계약하는 경우가 있지만, 글을 쓰는 과정에서 문제가 발생할 수 있는 여지가 많기 때문에 그리 권하지는 않는다. 원고를 완전히 마무리하고 보냈을 때, 그대로 원고가 채택되면 문제가 없다. 하지만 만약 출판사가 책의 방향성 수정을 요구하거나 원고의 전부나 일부를 변경해야 할 경우 난감한 상황이 벌어질 수도 있다. 가장 선호하는 방법은 일부 30~50% 정도 원고를 쓰고 편집자와 수정할 수 있는 여지를 둔 다음 원고를 보내고 출판사를 선택하는 방법이다. 원고를 수정하거나 방향성을 바꿀 기회가 작가나 출판사 모두에게 주어지기 때문에 열려 있는 방식이라 할 수 있다.

출판사에 원고를 투고할 시점이 되면 출판기획서를 작성한다. 출판기획서는 원고에 대한 자기소개서다. 입사지원서처럼 생각하면 된다. 회사에 입사를 하기 위해 입사지원서를 제출했을 때 인사담당자는 입사지원서의 내용을 꼼꼼히 살펴본다. 그리고 지원조건에 합당한지 판단하고 적합한 지원자일 경우 입사지원서를 읽기 시작한다. 그 내용에 따라 합격, 불합격이 결정되는 순간이다. 원고 투고도 마찬가지다. 투고된 원고를 담당하는 담당자에 의해 첫 번째 가부가 결정된다. 제일 먼저 그 산을 넘어야 한다. 그러기 위해서는 출판기획서가 담당자의 눈에 띄어야 하고 선택을 받아야 한다. 출판사의 사내 양식으로 기획서를 제출해야 하는 경우에는 작가가 임의대로 양식을 변경해서 제출할 수 없다. 하지만 그렇지 않은 경우에는 원고를 투고하는 작가가 표현하고 싶은 대로 하면 된다. 단, 반드시 넣어야 하는 항목이 있고 그 정도는 반드시 지켜주는 것이 좋다. 그 항목은 책 제목(가제), 책의 분야, 책의 의도, 주제와 내용 요약, 목차, 예상 독자층,

경쟁 도서, 차별화 전략, 홍보/마케팅전략, 집필 완료 기간 등이다.

출판기획서는 저자의 열정과 의지가 충분히 담겨있어야 하고 각 항목을 어떻게 표현할지에 대해서는 전적으로 자신의 몫이다. 다른 사람이 했던 방식을 벤치마킹해도 좋고 자신만의 방식도 좋다. 출판기획서는 출판사의 입장에서는 원고의 본문을 읽기 전에 그 수준을 가늠하는 기준이 될 수밖에 없기 때문에 마지막 용의 눈을 그린다는 마음으로 작성해야만 한다.

목차만으로도 줄거리를 알 수 있다

보고 싶은 책을 고를 때 제일 먼저 보게 되는 것은 제목이다. 원하는 분야의 책이 서로 다닥다닥 붙어 있으면 일단 가장 끌리는 제목을 가진 책부터 먼저 고르고 그 책을 펼쳐 제일 먼저 보는 것이 목차다. 목차를 보면 전체 원고 줄거리를 연상할 수 있고 목차의 소제목들을 살펴보면 그중에서도 내 입맛에 맞을 것 같은 게 보인다. 그다음 그 페이지로 넘겨서 읽어본다. 그 순간이 책을 살지 말지 결정하는 순간이다. 물론 각자의 성향에 따라 다르겠지만 보통 책을 고를 때 하는 행동들이다.

구매 욕구를 당기는 것은 책의 제목이다. 그래서 출판사에서도 가장 집중하는 것이 제목이다. 목차는 제목에서 생긴 구매 욕구를 구매 확정으로 바꾸는 역할을 한다. 책 구매자는 목차를 살펴보면서 제목과 연관성을 확인하고 책의 흐름을 파악한다. 출판할 정도라면 내용은 이미 검증단계를 지났다. 구매를 위한 결정은 결국 목차에서 결정된다. 그렇기 때문에 목차는 매우 신중하게 정해야 한다. 책 쓰기를 기획하고 첫 번째 단추가 목차다. 목차만 제대로 만들면 그다음부터는 흐름이 정해진 글쓰기다. 중구난방 글을 써 놓고 그 글을 목차에 끼워 맞추는 경우도 봤지만 그렇게 할 노력이면 제대로 된 목차를 만들고 그에 맞춰 글을 쓰는 방식이 훨씬 더 효과가 있다.

목차는 책의 유형이나 저자의 성향에 따라 다르다. 부, 장, 절로 유형을 구분해서 목차를 만들기도 하고 챕터 형태로 크게 두세 개로 구분하고 바로 꼭지로 나열하기도 한다. 항목별로 일정한 분량의 비율을 유지하면서 쓰면 된다. 하지만 일정한 페이지수로 배분하려고 애쓸 필요는 없다. 중요한 부분의 내용이 더 길어질 수도 있고 짧게 끝내야 하는 경우도 있기 때문이다. 어떻게 나누든 모든 소제목이 책의 제목을 중심으로 한 방향으로 흘러가야 한다는 점이 가장 중요하다. 결국 제목과 연관된 목차의 전개가 꼭지까지 이어져야 한다. 이렇게 목차를 만들면 목차만으로 전체 줄거리를 알 수 있다.

각 부와 장, 절에 적합한 소제목은 광고 문구와 같다. 짧은 문구로 호기심을 자극하거나 전달하고 싶은 내용을 함축해 놓아야 한다. 그래서 각각의 소제목을 정할 때는 수없이 많이 고민하고 그에 맞는 단어를 찾아야 한다. 간혹 처음 의도했던 주제와 연결되지 않을 수 있기 때문에 수시로 점검하고 수정할 필요가 있다. 목차 쓰기는 글을 쓰는 것 이상의 노력이 필요하다. 어떤 분야의 책이든 목차를 제대로 만들면 이미 7부 능선은 넘었다고 본다. 제목과 목차만으로 책의 전략과 전술을 구체적으로 배열할 수 있으니 자신의 글로 채워 나가기만 하면 된다.

지금은 글을 쓰는 방법을 배워야만 원고를 쓰고 책을 출간하는 시대가 아니다. 평범한 사람들끼리 서로 공감할 수 있는 이야기만 있어도 책이 된다. 그런 책들이 서점에 수없이 많다. 책을 만드는 사람도 책을 쓰는 사람도 기존의 틀을 파괴하는 경우가 많다. 나 또한 마찬가지다. 배우고 익힌 것보다 글을 쓰면서 경험한 것이 더 많기 때문이다. 어떤 방식을 지키는 것이 중요한 것이 아니라 자신이 의도하는 책의 방향성을 독자에게 어떻게 잘 표현할 수 있는지 고민해야 한다. 목차는 책의 균형과 흐름을 독자에게 선보이는 첫 번째 관문이다.

자료 준비도 글쓰기의 일부다

책을 쓰면서 오롯이 자신의 머릿속에서 모든 문장을 끄집어내 마지막 장까지 글을 써 내려 가는 사람은 없다. 아마 신의 경지에 다다른 작가라면 가능할 수도 있겠지만 그건 보통 사람으로서는 쉽지 않다. 글을 쓰기 위해서는 해당 분야의 전문가의 글이나 다른 책, 통계, 신문 등을 참조할 수밖에 없다. 자료는 책 분야에 따라 있거나 없는 게 아니다. 그냥 다 필요하다. 자료는 글을 풍성하게 하고 보다 정확한 정보를 전달할 수 있는 방법이다. 그래서 작가들은 책을 쓰기 위해 자료조사와 준비에 많은 시간을 투자한다. 자신이 알고 있는 것은 깊이를 더 깊게 하고 모르는 것은 폭을 더 넓게 할 수 있기 때문이다. 또한 자신의 견해나 정의를 뒷받침할 수 있는 이론의 근거나 글의 배경을 자료조사를 통해 찾아내기도 한다. 그 분야는 자신의 글에서 인용해 쓰거나 참고자료로 올린다. 어떤 책은 처음부터 마지막까지 인용한 글을 활용해 글을 쓰기도 한다. 그런데 다른 색깔로 느껴지는 게 아니라 책의 내용이 더 풍성해지고 주제에 대한 논거를 훨씬 더 탄탄하게 만든다.

그럼 자료는 어떻게 준비해야 하는가? 이미 책을 출간할 목적으로 글을 쓰면서 자료를 준비하는 경우는 자료수집의 폭이 넓을 필요가 없다. 정해진 방향성에 벗어나지 않는 자료를 찾아내면 된다. 도서관, 검색사이트, 서점, 신문, 통계자료, 등을 찾아내 출력, 복사하거나 구매해서 준비한다. 출처를 분명하게 알 수 있도록 기입하는 것도 매우 중요한 일이다. 인용하거나 참조를 할 때는 반드시 출처표시를 해야만 한다. 최소한의 규칙이다. 자료는 일목요연하게 정리해서 준비해야 한다. 준비하는 작가의 손에서 자료의 동선이 결정되므로 필요할 때 바로 꺼낼 수 있게 분야별로 손 닿는 곳에 모아두어 즉시 활용하는 것이 좋다. 정리되지 않은 자료는 정작 필요할 때 찾지 못해 글 쓰는 중요한 흐름을 깨뜨릴 수도 있기 때문이다.

통계자료를 사용할 때에는 단순하게 인용해서 사용하기보다는 그 통계를 만들어낸 기준까지도 점검할 필요가 있다. 글에 포함해서 함께 쓴 한 개의 통계자료가 오류로 인해 책 전체의 문제로 커질 수도 있다. 또 단순한 확률 수치 하나 인용하려 하다가 통계에 관련된 글이 전체를 다 차지하는 어처구니없는 일도 생길 수 있다. 그래서 통계자료는 공공기관의 발표자료를 참조해서 쓰기도 하는데 그 발표자료를 축약해서 정리할 필요도 있다. 그래야 꼭 필요한 부분만을 정리해서 참조할 수 있다. 통계자료를 발표한 정확한 자료명과 년, 월, 일, 발표기관을 정확히 기재하는 것을 원칙으로 한다. 책도 마찬가지다. 문맥상 반드시 다른 책의 일부를 인용하거나 그 책의 일부를 소개해야 한다면 저자와 책이름, 출간 연도 등을 함께 적어야 한다.

자료를 활용하여 글을 잘 쓰는 분들이 많다. 마치 퍼즐을 맞추듯이 필요한 부분에 적절하게 활용하면서 글의 풍미를 더 하고 수준을 확 끌어올린다. 편집의 달인인 것처럼 보인다. 자료만 가지고도 글을 변화시킬 수 있다. 그래서 자료수집은 작가들에게 습관과도 같은 일이다. 글을 쓰는 것만큼이나 소중하고 신경 쓰는 부분이다. 글을 쓸 때도 그렇지 않을 때도 수시로 자료는 모아두는 것이 글 쓰는 요령이기도 하다. 자료를 준비하는 특별한 방법은 없다. 최대한 많이 준비해야 하고 정리해야 한다. 하지만 구슬이 서 말이라도 꿰어야 보배라고 하지 않았는가? 어렵고 힘들게 준비한 그 수많은 자료를 보석 같은 좋은 글을 탄생시키는 도구로 활용해보자.

메모는 좋은 글감 모으기다

메모의 중요성을 모르는 사람은 거의 없다. 하지만 메모를 꾸준히 잘하는 사람은 많지 않다. 금융사에서 임원을 지내고 은퇴하신 분과 잠시 진행할 일로 미팅을 가진 적이 있다. 그분은 서울 내에서 이동할 때는 절대 차를 사용하지 않는다고 한다. 직접 운전을 하면 메모를 쉽게 할 수 없어서 대중교통을 이용하며 메모를 즐긴다고 했다. 작은 손 수첩에 적기도 하고 핸드폰에 직접 입력한다고 한다. 잠시 그 메모 내용을 한 번 볼 수 있었는데 정말 깜짝 놀랐다. 스쳐 지나가는 모든 사물과 사람이 그 메모에 담겨 있었다. 그 순간순간의 감정이 고스란히 느껴질 정도로 세심하게 쓰여있었다. 그 글만 다 모아도 한 권의 책으로 충분할 정도라고 생각했다.

"이렇게 다양한 이야기들을 어떻게 찾아내세요?"

"매일 이렇게 쓰는 것을 반복하다 보니 이젠 보이는 사람들, 사물들이 말하고 싶어 하는 모습이 머리로 느껴져. 그래서 그 내용을 그냥 끄적거리는 거지, 뭐."

언젠가는 이 모든 내용을 모아 그 느낌 그대로 책을 쓰고 싶다고 했다. 순간의 기억을 글로 남겨 쓰는 것은 쉬운 일이 아니다. 오랜 시간 같은 행동을 유지해야 한다. 그분은 거기에 덧붙여 사진도 첨부하고 음악도 첨부하면서 실로 놀라운 삶의 기록을 축적하고 있었다. 그 나이에 그렇게 스마트폰을 활용하는 것도 대단하고 그 모든 것을 남기는 메모습관도 놀라울 뿐이었다. 그분은 이런 말을 덧붙였다.

"메모는 습관이고 태도야."

자신 앞에 벌어지는 모든 상황과 순간의 기억, 생각, 그리고 느낌을 놓치지 않고 담아 놓을 수 있는 습관은 삶을 대하는 태도에서 나온다고 했다. 글은 몇 글자로 이루어진 단순한 메모 든, 아니면 장문의 글이든 삶의 태도에서 출발한다. 자신의 삶을 대하는 자세가 얼마나 긍정적이고 세심한지 알려주는 대목이다. 글을 쓰기 시작하면 누군가 내 마음을 토닥거려 주는 느낌이다. 글을 쓰는 주체가 자기 자신인데 지금까지의 나와는 다른 사람이 함께하는 기분이랄까? 그런데 그 기분은 나쁘지 않다. 그래서 태도가 변하게 되는 것 같다. 수시로 쓰는 메모는 그 중요한 역할을 톡톡히 해준다.

장기전을 펼쳐야 하는 책 쓰기에서 가끔 소재 부족으로 고생한다. 어떤 경우에는 일주일 이상을 한 장도 못 쓰고 끙끙거리기도 한다. 인생에 관해 이야기하고 살아온 삶에 관해 얘기하고 싶은데 글감이 없다는 건 웃긴 얘기다. 메모는 책 쓰기의 관점에서 보면 글감 모으기다. 수시로 글감을 모으고 정리를 하면 소재가 없어서 글을 못 쓴다는 말은 못 하지 않을까?

글쓰기에 도전하는 지금, 이 순간부터는 메모에 한 번 집중해보자. 스쳐 지나가는 모든 것을 메모에 담아보자. 새롭고 놀라운 세상의 모습을 볼 수 있을 것이다. 그 모든 것이 좋은 글감이 되지 않을까?

각 잡힌 머리 속 둥글게 풀어보자

　자기 자신이 나이가 들었다고 생각하는 그 순간이 중년의 시작이다. 30대든, 40대든, 아니면 60대든 중년이라는 느낌은 어느 한순간 찾아오게 된다. 중년은 숫자로 결정된 시간이 아니다. 마음속에서 자신을 중년이라고 하면 그 순간이 중년이다. 이렇게 접하게 된 중년의 삶에서 담고 싶은 자신의 살아오는 과정을 글로 표현하고 싶은 생각을 한다는 것은 당연하다. 지금의 중년들은 컴퓨터나 스마트폰을 보면서 자라온 세대가 아니다. 소설책을 읽고 월간지를 읽으며 글을 접했고 그 속에서 성장해온 세대다. 그래서 더욱 글에 대한 애착이 강하다.

　하지만 글쓰기가 어렵다. 머릿속에서는 움직이는 글도 막상 종이에 쓰려면 한 문장 쓰기도 벅차다. 이유는 머리가 이미 많이 굳어 있기 때문이다. 환장할 노릇이지만 어쩔 수 없다. 지나온 삶이 예능이 아니고 다큐였으니 그럴 만하다. 겪어온 사회생활은 모서리가 뾰족하고 각이 잡혀 있다. 매 순간이 긴장이었고 위기였다. 그 어려운 시간을 뚫고 지금의 자리에 서 있는 게 아닌가. 중년은 그렇게 만들어진다. 하지만 지금 필요한 것은 유연한 머리다. 자유가 자리 잡은 뇌가 필요하다. 그래야 글을 시작할 수 있다.

잠시 지금까지의 자신의 모습에서 탈출하자. 하늘을 쳐다보고 구름을 보면서 느낌을 글로 남기자. 바다라도 보고 싶으면 잠시 훌쩍 떠나서 파란 바다를 바라보자. 느낌이 없을 수 없는 과정을 만들어 보면 된다. 조금씩 살아나는 유연성이 느껴진다. 그래야 글이 써진다. 반대로 집중하는 시간을 가져도 좋다. 육체적인 집중도 좋고 정신적인 집중도 좋다. 육체가 정신을 지배할 정도의 운동을 하게 되면 잡생각은 사라진다. 마찬가지로 명상도 좋다. 뇌를 맑게 해주고 마음이 안정되면 글에 대해 적응하기 수월하다.

친한 후배와 점심을 먹기 위해 찾아간 식당은 사람이 북적댔다. 한참을 기다려 밥을 먹고 난 다음 잠시 쉬며 커피 한잔을 하고 있을 때였다.

"살자고 먹는 건데 한 끼 먹기 힘드네"

그때 후배 옆으로 거미가 지나가는 모습이 보였다.

내가 "거미다. 빨리 죽여"라고 하자.

느릿한 말투로 "뭘 죽여요. 얘도 살자고 먹이 찾아가고 있을 텐데." 하며 말했다.

"어서 지나가라."

거미를 보고 놀란 마음은 같은데 나와 그의 반응은 전혀 달랐다. 사소한 이런 이야기가 바로 글감이다. 찾을 수 있는 글감은 주변에 널려 있다. 단지 글로 만들 소재를 찾으려고 생각하느냐 안 하느냐의 문제다.

글쓰기는 쉽지 않은 도전이다. 그래서 필요한 것이 참 많다. 쓰지 않아서 굳어 있는 근육을 풀어줘야 하는 것처럼 머리도 풀어줘야 글이 풀린다. 각 잡힌 머릿속을 둥글게 한 번 풀어보자.

글을 전개하는 핵심요소 네가지

"주제는 정했는데 어떻게 써야 할까요?"

뭉뚱그려 이렇게 얘기하는 사람이 많다. 그때는 무조건 써보라고 하지만 특별히 해줄 말은 없다. 보통 일단 마지막까지 써보고 그다음 고칠 점을 서로 얘기하는 순서를 제안한다. 그런데 실제로 글을 전개해 나갈 때는 반드시 글에 넣어야 하는 핵심요소가 몇 가지 있다. 기술서가 아닌 이상 글을 전개할 때 필요한 핵심요소를 살펴보면 논리적이어야 하고, 감동 혹은 유머가 있어야 하고, 핵심내용의 순서를 잘 선택해야 하며, 사실에 근거해야 한다는 점이다.

제일 먼저 논리다. 어떤 글이든 논리를 기본으로 갖추어야 한다. 논리가 없는 글은 읽기가 어렵다. 두서없이 일장 연설을 하는 사람의 말을 듣는 것과 같다. A를 이용해 B를 만들고 B를 활용해 C라는 상황이 생겼다고 얘기하는 것과 C는 A 때문이라고 하는 것은 다르다. 결과는 같지만 읽는 사람의 입장에서는 충분히 이해할 수 있는 논리가 부족하다고 느낄 수 있다. 반드시 B가 글에 필요한 상황이라면 글이 절대 논리적이지 않다.

두 번째는 감동이나 유머다. 사람의 뇌는 좌뇌와 우뇌로 구분된다. 좌뇌는 논리, 우뇌는 감성의 영역이라고 한다. 한동안 우뇌를 발달시켜야 한다는 것이 이슈가 된 적도 있다. 현대인들은 좌뇌를 많이 쓸 수밖에 없다. 판단하고 논리적이어야 하며 순서를 정할 수 있는 좌뇌의 역할에 기대야만 하는 삶이기 때문이다. 하지만 우뇌의 움직임으로 기쁨과 행복, 슬픔과 불행을 느낄 수 있기 때문에 감정이라는 것을 갖게 된다. 그래서 우뇌의 결정권은 상당하다. 물건을 살 때도 좌뇌의 논리로 판단하고 우뇌의 감정으로 결정을 한다. 결국 어떤 일이든 두 가지의 융합이 요구된다.

글은 논리적이어야 하지만 글의 흐름에는 우뇌를 자극할 요소를 품고 있어야 한다. 논리로만 흘러가게 된다면 글을 읽는 사람의 입장에서는 한쪽 뇌만 움직이게 되며 지칠 수 있다. 그래서 우뇌를 자극할 수 있는 감동이나 유머가 필요하다. 논리와 감동 혹은 유머가 함께 있는 글을 읽으면 쉽게 읽을 수 있다.

세 번째는 핵심 내용의 순서다. 글을 쓰면서 핵심이 되는 이야기를 앞부분에 쓸 것인지 아니면 마지막에 쓸 것인지에 대한 부분이 항상 고민된다. 두괄식으로 전개를 할 것인가, 미괄식으로 전개를 할 것인가, 글의 내용에 따라 앞부분에 혹은 뒷부분에 핵심이 되는 내용을 쓰게 된다. 보통 결론에 도달하기 위한 과정을 충분히 설명해야 할 경우는 미괄식을, 그렇지 않고 과정의 설명보다는 결론으로 모든 문맥을 이끌어 나갈 수 있는 경우는 두괄식으로 쓴다. 그런데 요즘 대부분의 독자들은 두괄식을 원하고 그것에 맞게 작가들도 그에 맞는 글을 쓰게 된다. 그 이유는 간단하다. 사회의 분위기와 성향이 결과를 먼저 원하기 때문이다. 핵심 문구를 먼저 보고 그다음 어떻게 이야기가 전개되는지 호기심을 갖는다. 평소 자주 보는 브이로 그의 글이나 동영상을 보는 습관이 책을 읽는 습관으로 옮겨온 것으로 여겨진다.

마지막으로 네 번째는 진솔한 글을 써야 한다. 사람마다 주제를 바라보는 시각은 다를 수 있다. 서로 다른 생각과 주관이 바라보는 시각을 결정한다. 같은 사건에 대해서 같은 듯 다른 주제어로 기사를 올리는 신문을 보면 시각의 차이가 같은 사실관계에서도 전혀 다르게 표현될 수 있다는 것을 쉽게 알 수 있다. 글을 쓰는 사람은 폭넓은 시각을 가지고 있어야 한다. 그래야 주제를 바라보는 시각을 넓힐 수도 좁힐 수도 있는 글의 유연성을 가질 수 있다. 같은 결론이라고 해도 그 내용을 읽는 독자로서는 글의 접근 방식에 따라 다른 감정을 가질 수 있다. 글을 쓰는 사람으로서는 좀 더 감각적이고 자극적으로 될 수 있는 글로 표현하는 것이 읽는 사람의 시선을 좀 더 머물게 하니 선택의 여지가 없다.

하지만 자극적이라고 해서 내용이 사실에서 벗어나면 안 된다. 보지 않고 겪지 않은 사실을 써야 할 때는 왜곡될 소지가 다분하고 거짓된 소지가 충분하다. 같은 주제라도 표현이 다르고 방향이 다른 것은 관점의 차이지 왜곡이라고 하지 않는다. 하지만 알지 못하는 사실을 써야 할 때는 글이 왜곡될 수 있다. 말을 할 때는 얼굴의 표정이나 말투에서 느껴지는 감정의 선이 있다. 이 선이 흔들리면 거짓이나 왜곡된 표현이라는 것을 눈치챌 수 있다. 하지만 글은 그렇지 않다. 왜곡된 것을 찾아내기 쉽지 않다. 글은 일단 눈으로 봐야 하니 철저하게 글쓴이의 감정선이 글에서만 느껴진다. 왜곡된 글로 독자를 현혹하기 쉽다는 의미다. 작가는 글을 쓰면서 글로 표현할 수 있는 최고의 방식을 찾아내려고 애쓴다. 하지만 왜곡하거나 거짓을 글로 표현하면 안 된다. 세월이 지나도 부끄럽지 않은 글을 남겨야 한다.

취재를 위한 인터뷰,
철저한 준비가 필요하다

처음 글을 쓸 때 해당 분야의 전문가를 만나 취재를 해야 할 상황이 있었다. 인터뷰라는 것을 생전 처음, 그것도 취재라는 명목으로 사람을 만나니 거창해 보이기도 했다. 취재의 대상이었던 경험이라도 있으니 그때의 기억을 되살려 한껏 준비해 만남의 장소로 찾아갔다. 취재대상인 그 전문가는 그 분야에서는 어느 정도 정평이 나 있는 사람이었고 지인의 소개로 그 사람을 만날 수 있었다.

"사전에 얘기는 들었습니다. 글을 쓰신다고, 어떤 내용이 필요하세요? 지금 좀 바쁜 시간이라 시간이 그리 많지 않습니다."

시간이 없다는 말을 듣는 순간 머리가 멍해지면서 미리 질문할 내용을 적어온 수첩을 펼치면서도 뭣부터 질문해야 할지 망설였다.

'시간이 없다. 어떻게 해야 하지?'

인터뷰하는 내내 두서없이 질문하고 정신없이 받아 적고는 마무리 인사조차 어떻게 했는지 기억이 나지 않을 정도였다. 물론 기자가 아닌 이상 취재 경험을 하기는 쉽지 않았다고 할 수 있지만, 그것을 위안으로 삼을 수는 없었다. 결국 취재할 내용 중 일부만을 얻어올 수밖에 없었다. 그날 그 상황은 첫 경험치고는 정말 최악이었다. 다시 연락해서 만날 수 있는 낯짝도 없었으니 그냥 버릴 수밖에 없는 정보들이었다. 하지만 최악의 실패가 최고의 경험이라고 할 수 있다. 그날 이후 인터뷰를 해야 하는 취재에 대해서는 원칙을 만들었다.

'반드시 면담자와 시간을 충분히 확보할 수 있는 약속을 한다. 면담자의 성향을 최대한 알아본다. 가능한 사전에 질문할 자료를 먼저 보낸다. 신뢰를 쌓아야 한다. 항상 헤어질 때는 다시 연락할 수 있는 여지를 반드시 남긴다.'

인터뷰해야 하는 취재일 경우에는 반드시 시간을 충분히 확보해야 한다. 인터뷰 대상자가 시간이 촉박한 상태라면 차라리 일정을 미루는 한이 있어도 그 시간은 피해야 한다. 현장의 상황에 따라 인터뷰 방향이 어떻게 변할지 모르는데 시간조차 빠듯하다면 충분한 내용을 얻을 수 없다. 그다음은 면담자의 성향이다. 소개나 전화 통화만으로는 알 수 없는 부분이다. 지인의 소개라면 사전에 대상에 대한 성향 파악이 매우 중요하다. 간단한 단답형의 인물이라면 질문의 횟수를 늘리고 다양한 질문을 통해 이야기를 이끌어야 하고, 장황한 이야기를 하는 사람이라면 말을 잘 끊는 요령도 필요하다. 같은 질문이라도 성향에 따라 받아들이는 기준이 다를 수 있어서 질문의 강도를 조절할 필요도 있다. 마지막으로 질문할 자료를 미리 보내는 것도 좋은 방법이다. 인터뷰 현장에서는 다양한 이야기들이 오고 간다. 실제 질문할 내용이 정리되지 않거나 질문 외로 너무 많은 이야기로 시간을 보내 필요한 내용은 충분하지 않은 경우도 많다. 그 때문에 사전에 질문할 내용을 미리 보내면 시간이 조금 부족해도 내용은 충분히 얻어낼 수 있다.

글을 쓰는 것은 혼자만의 준비로 해결하지 못할 수 있다. 이런 경우에는 취재를 통해서 다양한 정보를 얻어내야 한다. 그중 인터뷰를 해야 하는 취재는 최대한 준비를 많이 해야 하고 신경을 써야 한다. 모르는 사람을 만나야 하고 짧은 시간에 신뢰를 쌓아야 좋은 정보를 얻을 수 있다. 마지막으로 인터뷰가 끝나고 헤어질 때는 다시 연락할 수 있는 여지를 반드시 남겨야 한다. "궁금한 점이 있으면 메일이나 전화로 다시 문의해도 되겠습니까?" 이 말 한마디가 어쩔 수 없이 다시 연락해야 할 상황을 부드럽게 만들어 준다.

마감없는 글쓰기는 실패한다

책을 출간하기 위해 시작한 글쓰기는 원고가 점차 쌓여가면서 글에 대한 자신감이 붙는다. 출판에 대한 불안감은 뒤로하고 일단 원고를 마무리하는 것이 중요하다. 그런데 원고를 절반 이상 쓰고 나면 어느 정도 분량이 확보되었다고 생각하고 원고 진행 속도가 느려진다. 출판사와 이미 계약이 이루어져 있는 경우라면 원고의 마감 일정이 대부분 정해져 있기 때문에 조절이 가능하다. 하지만 그렇지 않다면 마감에 대한 긴장감은 거의 없다. 그래서 책 쓰기에 도전한 사람들 중에는 써 놓은 글은 있는데 완결된 원고가 없다고 한다. 주변에 책 쓰기에 대해 얘기를 하다 보면 간혹 그런 사람들이 있다. 책 쓰기는 완결된 원고가 필요하다. 초고라고 해도 완결을 해야 수정을 할 수 있고 퇴고를 할 수 있다. 그래서 자체 마감이 필요하다.

목차가 정해진 상태에서 글을 쓰게 되면 자신이 쓰는 글의 속도가 대충 감이 온다. 정해진 시간에 몇 장이나 진행할 수 있는지 얼추 시간을 정할 수 있다. 잠시 슬럼프가 올 수는 있겠지만 일정한 패턴이 존재한다. 그것에 맞게 진행속도가 만들어진다. 1주일에 소화할 수 있는 원고를 가늠할 수 있으면 특별한 일이 없는 한 책 한 권 분량의 원고로 마무리하는데 최소한의 기간을 정할 수 있다. 직장생활을 하는 경우에는 퇴근 후 저녁 시간과 주말을 활용해야 하고 글쓰기만 할 경우에는 하루에 집중해서 글 쓰는 시간을 정하면 그 시간에 쓸 수 있는 분량은 반드시 써야 한다. 약속된 시간이 정해져 있는 경우와 그렇지 않은 경우는 긴장감이 하늘과 땅만큼 차이가 난다.

출판사와 정해진 시간이 있어도 출판사에서는 그리 재촉하지 않는다. 이미 계약이 이루어진 만큼 더 좋은 글을 원하기 때문이다. 하지만 작가의 입장에서는 최대한 정해진 마감 일정에 맞추려고 노력한다. 계약조차 이루어져 있지 않은 상태에서는 원고 마감은 쓰는 사람 마음이다. 글을 쓰다 만다고 해서 뭐라고 하는 사람이 없다. 자신만 포기하면 그만이다. 그래서 자체 마감 일정을 정해 두어야 한다. 최소한의 목표다. 출간 일정을 만들어 보자. 예를 들어 목차에 따라 1부부터 4부까지 총 60개의 꼭지를 써야 한다면 순서대로 일정을 정해 놓고 써보자. 만약 순서보다 꼭지의 주제별로 쓰고 싶으면 1주에 써야 할 꼭지 수를 정해보자. 그러면 책을 낼 수 있는 분량 정도 쓰는 데 걸리는 시간이 나온다. 그때를 마감 일정으로 정하자. 한 달 동안 글만 써서 마감한다고 생각하면 1주일에 15꼭지 한 달이면 60꼭지를 써야 한다. 결국 하루에 2~3꼭지는 무조건 써야 한다.

등산하는 근육 따로 있고 노동하는 근육 따로 있듯이 글 쓰는 근육도 따로 있다. 반복에 반복을 거듭하다 보면 그 근육이 강해진다. 반복할 힘은 끈기다. 그 끈기가 있어야 한다. 책 쓰기는 능력과의 싸움이 아니라 끈기와의 싸움이다. 끈기도 시간이 정해져야 한다. 주야장천 시간만 끈다고 좋은 글이 나오지 않는다. 실패만 반복할 뿐이다. '정해진 시간 내에 이번 책 원고는 반드시 끝낸다'는 오기가 있어야 한다. 그래야 시간 낭비가 없다. 오늘 써야 할 글 분량보다 더 써보면 느껴지는 희열이 있다. 그런 기분을 느낄 때 글 쓰는 재미가 생기고 원고 마감하는 재미도 생긴다.

출판사를 선택하는 방법

'하염없이 이메일을 기다린다. 아쉽지만 거절한다고 하는 메일조차 받아보고 싶은데 출판사에서는 답장이 없다. 오늘도 다시 다른 출판사를 찾아 인터넷을 헤매고 있다.'

처음 원고를 보내는 초보 작가나 책 몇 권을 냈던 작가, 심지어 베스트셀러 언저리까지 갔던 작가도 이런 경험은 다반사다. 원고를 마무리하고 신중하게 만들어 놓은 기획서도 한순간에 물거품이 될 수 있다는 것이 이 시장의 생리다. 제일 먼저 원고의 수준이 문제라고 할 수 있지만, 출판사의 출판 경향과 그 시점의 그 출판사의 사정 때문일 경우도 많다. 먼저 출판사의 출판 경향에 대해 파악할 필요가 있다. 전자책으로 청소년소설만 출간하는 출판사에 자기계발서 원고를 보내거나 자기계발서나 에세이 위주로 출간하는 출판사에 기술서를 보내는 어처구니없는 상황은 절대 벌어지지 않으리라 생각하지만, 실제는 그렇지 않다. 출판사 기획담당자들을 만나보면 실제로 그런 일들이 부지기수라고 한다. 이런 일들은 초보 작가라고 해도 절대로 해서는 안 되는 실수다. 출판사에 대한 사전 조사조차 하지 않았고 인터넷에 떠도는 출판사 이메일 주소를 가져다 메일 창에 붙였다고밖에는 생각되지 않는다. 말 그대로 출판사에 대한 예의가 아니다. 또한 인터넷 메일 주소창에 수십 군데 출판사 메일을 한 번에 넣고 보내는 경우다. '내 원고 보려면 보고 안 보려면 말아라'하는 마음과 같다. 출판사의 입장에서는 그리 펼쳐보고 싶지 않은 원고다.

출판사의 입장에서 보면 책 한 권 출판하는데 수없이 많이 고민한다. 아무리 좋은 원고라고 해도 출판사는 판매에 대해 고민을 할 수밖에 없다. 일정한 판매량이 나와야 본전이라도 건질 수 있다. 아무리 좋은 아이템의 음식점 장사를 해도 고객이 찾아와야 손익분기점을 넘고 이익을 낼 수 있다. 출판사도 마찬가지다. 최소한 손익분기점을 넘는 판매 부수를 자신할 수 있어야 한다. 저명한 저자라면 모를까 그렇지 않다면 그런 모험을 하기가 쉽지 않다. 원고의 수준은 상당히 높은데 출판사에서 선택하지 않는 경우도 많다. 이미 출판 일정이 잡혀 있어서 지금으로서는 받을 수 없는 상황이거나 유사한 원고를 이미 책으로 만들고 있는 경우다. 그런 경우가 생각보다 많다. 그러니 출판사 기획자들은 이구동성으로 원고를 투고한 작가들에게 실망하지 말라고 한다. 목마르기는 출판사도 마찬가지다. 수시로 좋은 원고를 찾는다. 그래서 원고투고란이 없는 출판사는 없다. 단지 자신들이 원하는 조건의 원고가 아니거나 혹은 상황이 뒷받침되지 않기 때문에 거절할 뿐이다.

원고를 투고하고 나서 여러 군데서 면담을 요청해 올 수도 있다. 완성도가 높거나 가능성이 높아 보이면 생각보다 실제로 회신이 쉽게 오기도 한다. 이런 경우라면 출판사를 잘 선택해야 한다. 자비출판이나 반 기획출판이 아닌 이상 제대로 된 출판사라고 해도 출판사마다 출판조건이 다르다.

또한 마케팅도 차이가 난다. 그래서 사전에 출판사에 대한 정보를 충분히 조사한 후에 면담하는 것이 좋다. 한번 계약으로 원고는 최소 5년간 묶인다. 그다음에는 실제로 다시 써먹을 수도 없다. 그래서 작가를 위해 최선을 다하는 출판사를 선택해야 한다. 돈이 문제가 아니라 정성과 신뢰의 문제다. 조금은 낮은 인세라고 해도 작가를 위해 최선을 다할 수 있는 출판사라면 크든 작든 크기의 문제가 아니다.

원고를 투고할 출판사를 선정할 때 분야를 잘 살펴야 한다. 최근 출판 성향도 알아야 하므로 포털사이트를 이용하거나 대형출판사 사이트에서 자신이 쓴 분야와 같은 분야를 살펴본다. 예를 들어 자기계발서라고 하면 그 분야에 대한 책만 분류해보고 최근 출판으로 설정을 변경해 보면 최근에 출간된 자기계발서가 일자별로 나열되어 정리된다. 그러면 그 책들을 출판한 출판사를 전부 찾아서 정리하고 출판사별 원고투고 방식을 적는다. 가장 좋은 방법은 출판사를 정리한 자료를 가지고 대형서점에 가서 그 출판사에서 나온 책도 보고 이메일을 직접 적어보는 것이다. 출판현황도 점검할 수 있고 해당 출판사의 책 만드는 성향도 알아볼 수 있다. 모니터 화면으로 본 것과는 다른 느낌이 분명히 있다. 출판사 홈페이지에서 출판사의 양식이 있으면 그 양식으로 기획서를 정리하고 원고를 첨부하는 방식으로 제출한다. 출판사 홈페이지에 별도 양식이 없으면 원고투고 메일이 별도로 존재하므로 찾아서 직접 이메일을 제출하면 된다. 특별한 경우를 제외하고는 대부분 원고투고 메일이나 양식이 존재하므로 그 방식으로 찾아보면 된다. 그렇게 정리한 메일 주소와 연락처 그리고 출판사명을 정리해서 표로 만들어 놓는다. 그리고 메일을 보낸 날짜와 응답을 받은 날짜, 거절 여부 등을 표시할 수 있게 항목을 추가해 놓으면 나중에 일목요연하게 파악할 수 있다.

그래도 작가라 불리니 좋다

어렵고 힘들게 책이 출간되고 나면 여기저기 홍보에 신경을 쓴다. 주변에도 알리고 SNS를 활용하기도 한다. 그 즉시 축하한다는 메시지는 수없이 받게 되지만 가장 듣기 좋은 말은 작가가 되었음을 축하한다는 말이다. 알고 지내던 사람들조차 '작가님'이라고 하면서 대한다. 직책도 필요 없고 그냥 작가님이란다. 그런데 그 호칭이 점차 익숙해지기 시작하면서 마음가짐이 달라진다. 내 책을 사보고 내가 쓴 글에 대한 질문이라도 받게 되면 순간 긴장된다. 지인이 아니라 독자의 입장에서 묻는 것이니 훨씬 긴장감이 더하다. 작가라는 호칭만큼의 무게가 생겼기 때문이다. 책이 나온 이상 소위 빼박이다. 오탈자부터 시작해서 책의 내용에 관해서 수없이 많은 질문이 남겨진다. 심지어 그 책으로 강의라도 할 때면 긴장감이 더 커진다. 단순히 강의할 때와 책이 나온 다음 해야 하는 강의는 질이 다르다. 사람들은 작가라서 바라는 크기가 더 크다. 그래서 그만큼의 수입이 더 늘겠지만, 작가로서의 부담감은 그보다 더 크게 느껴진다.

작가가 된 다음부터는 어떤 일이든 준비를 철저히 하게 된다. 그 전보다 모든 일에 대해서 더 철저히 마무리한다. 그전에는 '제대로 잘 준비했는데?' 하던 말이 지금은 '작가님이라 그런 것도 잘하네'로 바뀌었다. 이해하기 나름이지만 비아냥이기보다는 존경심으로 들린다. 작가라는 한 껍질을 더 씌워 놓고 바라보니 한껏 더 조심하게 된다. 주목을 받는 것과 시기의 대상이 되는 것은 전혀 다르지만, 양날의 검처럼 한뿌리에 존재한다. 상대방이 어느 쪽 날을 쓰느냐 하는 문제는 전적으로 나 자신에게 달려있다. 마음가짐, 몸가짐, 언행 등이 모두 달라진다. 이제부터는 작가라는 타이틀이 붙어있기 때문이다. 공인의 위치라고 해도 무방하다. 작가에 대해서는 작가소개란을 통해 다 까발려지기 때문이다. 그렇게 얻은 호칭이 작가다. 그러니 더욱 조심할 수밖에 없다.

혹시 책이 많이 안 팔려도 주눅들 필요 없다. 대부분의 책이 그 정도라고 생각하면 된다. 아무것도 안 하고 손 놓고 지켜만 보는 작가는 없다. 최소한 자신의 책 판매에 조금이라도 기여한다. 자신의 SNS를 통해 홍보하고 마케팅을 펼친다. 그 정도면 최선을 다한 것이다. 강의라도 하면서 점차 판매량이 증가하면 부담이 덜하겠지만 그렇지 못하더라도 작가로서의 입지는 생겼으니 그것으로 만족하면 된다.

책 출간 후 작가로서의 위치는 하기 나름이다. 책이 여러 서점의 매대에 깔리기 시작하면서 팔리는 모습을 보며 즐거워하는 것으로 만족할 수도 있고 여기저기 불려 다니면서 강의를 시작할 수도 있다. 어떤 방법이든 얼굴이 노출되고 작가의 위치가 서서히 만들어진다. 그다음은 어떻게 그 위치를 확장할지 고민해봐야 한다. 단순히 책만 출간되었다고 만족한다면 어쩔 수 없는 노릇이다. 그릇이 거기까지다.

책을 출간하게 되면 책이라는 매개체를 통해 새로운 지금까지 살아온 삶과는 다른 자신의 영역이 하나 더 자연스럽게 만들어진다. 그 영역을 확장하는 노력이 필요하다. 그릇을 키워보자 어차피 시작한 거 지금부터 작가의 삶을 살아보는 재미도 느껴보자. 남들이 나보고 작가님이라고 하면 새로운 영역에서 내 삶의 주체는 바로 나라는 작가다. 즐겁지 않은가? 그 속에서 새로운 나를 만들어 낼 수도 있고 크기를 키우기도 하고 수익도 창출할 수 있으니 금상첨화다.

그래서 부장님, 지점장님 소리보다 작가님이라는 소리가 훨씬 더 듣기 좋다.

Part2
라떼의 말하기

'라떼'에게는 말의 품격이 필요하다

나이가 들어가면서 변하는 건 뱃살과 흰머리 그리고 말투와 표정이나. 뱃살과 흰머리야 어쩔 수 없는 신체의 노화로 생기는 자연적인 현상이라 마음은 쓰리지만 받아들일 만하다. 그런데 말투는 다르다. 살아온 삶의 흔적이 고스란히 말과 표정에 녹아 있는데 자신뿐만 아니라 자주 보는 주변인들도 그 변화를 잘 알아채지 못한다. 그런데 한동안 만나지 못하다가 강산이 한두 번 바뀐 다음 우연히 만난 지인과 이야기를 나누게 되면 말투와 표정이 예전과는 다르다는 것을 느끼곤 한다. 전혀 변함이 없는 경우도 물론 있지만 살아온 세월에 의해 변화된 말투와 표정이 고스란히 드러나는 경우가 더 많다.

나와 그 사람과의 관계는 변한 것이 없는데 예전과는 다르게 말과 표현이 거칠게 변한 사람도 있고 뭐든 다 담을 것 같은 온화한 모습과 말투로 변한 사람도 있다. 살아온 삶이 그렇게 만들었겠지만 가끔은 그런 모습들 속에서 '품격'이란 단어를 떠올린다. 돈을 많이 벌거나 지식을 많이 쌓았다고 해서 품격이 있고 그렇지 않다고 해서 품격이 없지는 않다. 그보다는 자신의 삶을 대하는 자세가 가장 큰 이유라고 생각한다. 아무리 힘들고 어려운 과정을 겪었다고 해도 삶을 대하는 자세가 긍정적이고 열린 마음이었으면 그것에 맞게 변해간다.

유식해 보인다는 것과 교양 있어 보인다는 말은 다르다. 유식하고 지식이 풍부한 사람도 교양 없는 경우를 볼 수 있고 지식이 없어도 연륜이 느껴지고 교양 있어 보이는 사람도 있다. 삶을 대하는 자세에 따라 가질 수 있는 다양한 모습이 아닐까? 그런 모습이 사용하는 말을 바뀌게 하고 표정을 변하게 한다. 교양 있어 보이는 것을 '품격'이 생긴 것이라고 생각한다. 나이가 들면 들수록 그런 모습을 보이는 사람이 더 많아진다. 시간이 흐르면서 살아온 경험과 삶을 대하는 태도가 부드러워지고 틀림보다는 다름을 인정할 수 있는 마음가짐이 우러나오기 때문이다.

하지만 그렇게 하고 싶어도 쉽지 않은 경우가 있다. 생각과 말을 표현할 수 있는 경험을 하지 못한 경우에는 생각과 말이 따로 움직이기도 한다. 품격을 가지고 싶어도 그런 표현방식을 알지 못하니 항상 어긋나기도 한다. 그래서 그런 사람에게는 품격을 가지려는 노력이 필요하다. 특히 사용하는 언어습관에 대해서는 반드시 갖춰야 하는 품격이 있다. 그 품격을 만들기 위해 제일 먼저 해야 하는 것이 바로 '인정'이다. 나이가 들면 인정을 두려워하고 고집을 갖기가 쉽다. 그래서 지금까지 만들어진 말투를 바꾸기 쉽지 않다. 하지만 인정을 하게 되면 변할 수 있다.

인정은 자신도 남도 받아들이는 과정이다. 상대방과 나의 다름을 받아들이는 것뿐만 아니라 내가 한 실수, 상대방이 내게 베푼 친절에 대한 고마움, 그리고 자신의 마음을 솔직하게 드러낼 수 있는 태도 이 모두를 말로 표현할 수 있어야 한다. 우리 세대가 제일 못 하는 말이 아마도 '감사합니다.' '미안합니다.' '사랑합니다'가 아닐까? 이 세 문장만 잘 말할 수 있어도 품격을 드러낼 수 있다. 어느 한순간 뒤돌아보니 순식간에 라떼 세대가 된 지금, 비아냥대는 대상인 라떼가 아니라 존경받고 품격있는 라떼가 되기 위해서 말의 품격을 갖추자.

타고난 말재주꾼은 없다

말로 천 냥 빚을 갚는다고 한다. 나는 그런 말재주가 있다. 그런데 천 냥 빚을 아직도 지고 있다. 말만으로는 빚을 갚기 쉽지 않은가 보다. 어떤 재주를 가지고 있으면 보통 끼가 있다고 한다. 특히 연예인들을 보면서 그런 끼 얘기를 많이 한다. 타고났다는 말이다. 무대 체질이란 말로 타고난 체질까지 언급할 수 있으면 정말 태어나면서부터 가진 게 분명 있긴 있는 것 같다. 난 경연 프로그램을 좋아한다. 타고난 예술적 재능이 전혀 없기 때문에 노래, 춤, 작곡 등 예술적이고 창조적인 행위를 한정된 시간 속에서 해내는 모습들을 보면 나도 모르게 감탄하게 된다. 물론 좀 더 노력이 필요한 경우들도 눈에 보이지만 때론 심사위원들도 감탄하면서 참가자에게 끼가 있다고 얘기할 때 보면 그렇게 타고난 끼가 정말 부럽다.

말을 많이 하는 직업으로 보면 여러 가지 직종들이 있지만, 대표적으로 강사를 꼽을 수 있다. 특히 기업체 강의를 하거나 일반인들을 대상으로 다양한 분야의 강의를 하는 강사들을 보면 단순한 지식전달의 강의가 아니라 자기계발이나 리더쉽 등의 강의가 많다. 그런 강사들은 강의를 듣는 사람의 평가가 매우 중요하다. 평가에 따라 그다음 강의가 연결될 수도 있고 아니면 영원히 못 할 수도 있기 때문이다. 그래서 그런 강사들은 정말 열심히 강의 준비를 한다. 한 시간 강의를 위해 일주일을 준비하고 검증한다. 그런데 그런 강의를 지켜보면 비슷한 강의 준비를 했는데도 불구하고 차이가 난다. 소위 끼가 보이는 강사는 조금이라도 다르다. 강사도 끼가 있는 사람이 더 잘한다.

문제는 아무리 끼가 있는 강사라고 해도 준비를 확실하게 하지 못하면 말이 꼬이고 중언부언하며 주제와 동떨어진 이야기로 시간을 채워 결국 평가가 형편없어지기도 한다. 결국 타고난 재능만으로는 잘할 수 없다는 말이다. 노력이 뒷받침된 재능은 인정받을 수 있지만, 노력 없는 재능은 기교있는 끼 정도로만 평가받을 뿐이다. 강의 실력이 너무 좋아 계속 평점을 잘 받는 강사가 있었다. 강의를 들어보면 같은 강사 입장에서도 끼가 엄청났고 강의 재주를 인정할 정도였다. 그래서 한 번은 강사 모임에서 그분께 강의 잘하는 법에 대해 발표하는 시간을 요청해봤다.

"저는 말을 잘 못 해요. 원래 그렇게 말 잘하는 사람이 아닙니다."

"아니 강의도 잘하시고 평점이 그렇게 높은 데 무슨 말이죠?"

"저는 항상 강의하기 한참 전부터 강의 시나리오를 쓰고 그 원고를 통째로 암기해 버립니다. 그리고 몇 번을 반복해서 강의 연습을 합니다. 그렇게 하지 않으면 반드시 실수하고 말이 꼬입니다. 벌써 10년째 그렇게 해오고 있습니다. 이젠 습관이 돼서 안 하면 불편하니까 그렇게 합니다"

결국은 끼가 아니었다. 단순히 타고난 재주라고 생각했던 모든 것이 의도된 원고 속의 이야기라니 감탄할 뿐이다. 한 시간이 넘는 시간을 시나리오를 쓰고 그렇게 통째로 암기해서 강의한다는 것은 일반적인 강사로는 불가능하다. 그런데 그것을 노력으로 극복하고 자신의 강의 틀을 만들어낼 수 있었다는 것은 끼보다는 노력으로도 가능하다는 것을 보여준다.

무조건 시나리오를 작성해서 암기해야 한다는 얘기가 아니다. 어떤 강사는 시나리오를 쓰고 외워서 강의하지 않는다. 도리어 강의를 할 때마다 조금씩 예시도 다르고 흐름도 다르게 한다. 그런데도 그 강사 역시 강의 평가가 높다. 방법에는 차이가 있어도 강의 평가가 높은 강사들은 공통점을 갖고 있다. 아무리 여러 번 했던 강의라도 강의하기 전에 집중해서 준비하고 연습하는 시간을 갖는다는 것이다.

'끼가 없어서' 혹은 '난 원래 말재주가 없어서'라는 말로 포기하지는 말자. 인생 후반기를 다시 시작함에 있어서 말하기가 필요하다면 지금부터 준비하고 노력하자. 당신도 뛰어난 말재주꾼이 될 수 있다.

필요성이 말을 잘하게 한다

"어떻게 그렇게 말을 잘해요?" 강의를 마치고 나면 항상 듣는 말이다. 강의를 잘한다고 말을 잘하는 건 아닌데 항상 그렇게 인정해주는 사람이 있으니 감사할 따름이다. 교사 생활부터 시작해서 강단에 선 시간이 20여 년이 넘었으니 강의는 어느 정도 이골이 났다. 그래도 강의를 할 때는 긴장하고 듣는 사람의 반응을 걱정한다. 강의가 천직이라 생각하면서도 가끔은 너무 어렵고 힘들다. 수없이 강의해도 같은 강의는 없다. 같은 내용이라도 장소가 바뀌면 같은 강의로 생각하지 않는다. 강사의 입장에서 강의는 장소와 시간 그리고 대상에 따라 변화무쌍하다. 말로 먹고살지만 쉬운 직업은 아니라 여겨진다.

말을 꼭 잘해야만 강의 잘하는 강사가 되는 건 아니다. 하지만 강의의 대부분이 말로 이루어지기 때문에 말을 잘하면 당연히 도움이 된다. 그렇다면 어떻게 해야 말을 잘 할 수 있을까? 해답을 찾기에는 어려운 질문이기도 하다. 수없이 많이 강의하고 여러 전문 강사를 양성하면서 느낀 점은 어떻게 하면 잘 할 수 있을까 계속해서 고민하고 고치면서 변화해 가는 모습을 가진다면 충분히 가능한 일이라 여긴다. 잘하려고 하는 마음, 강의 잘하는 강사가 되어야 한다는 필요성이 말을 잘하게 한다. 결국, 강의에 대한 열정과 잘하고 싶은 열망이다.

중학교에 들어가면서 갑자기 나는 말을 더듬기 시작했다. 정확하게 기억이 나지는 않지만 어떤 환경적인 요인 때문에 생긴 일이 아닌가 싶다. 그런데 말을 더듬으면서 생긴 일들은 그리 유쾌하지 않았다. 말을 더듬는다는 이유로 같은 반 아이들 몇몇 사람에게 따돌림을 당한 적이 있다. 그때는 지금처럼 '왕따'라는 단어도 없었고 문화도 없었기 때문에 오랜 시간 지속하지 않았지만, 아직도 내게는 아픈 추억으로 남아 있다. 지금처럼 정보가 풍부한 시대가 아니었기 때문에 아무도 나에게 더듬지 않도록 도와주지도 않았고, 방법을 알려준 사람도 없었다. 어쩔 수 없이 혼자서 해결할 수밖에 없었다. 그런데 내 앞을 지나가시던 선생님이 무심하게 하신 말이 결정적인 도움이 되었다.

"넌 생각이 너무 빨라. 그러니 말이 따라가지 못하지!" 말보다 생각이 앞서 나가기 때문에 더듬는다고 생각한 나는 천천히 분명하게 말하기 위해서 생각과 말을 연결하는 습관을 만들려고 노력했고 마침내 고칠 수 있었다. 그런데 말을 더듬고 고치려고 애쓰던 시기에는 내 생각과 말에 집중하느라 상대방의 말에 집중을 못 하는 일이 많았다. 가끔 선생님의 심부름으로 반 아이들에게 전달할 때 내용의 일부를 빠트리기도 하고 선생님의 의도를 정확하게 파악하지 못해서 전달에 오류가 생기기도 했다. 이런 일이 반복되자 의도치 않게 주변에 민폐를 끼치게 되었다. 그래서 내 생각과 말에 집중하는 만큼 상대방의 말을 집중해서 들으려고 애썼고, 상대방의 의도를 파악해서 정확하게 전달하기 위해서 노력하게 되었다.

말은 생각을 전달하는 도구이다. 정보나 생각을 잘 전달하기 위해서는 평상시에 말을 잘 할 수 있도록 준비해야 한다. 마치 요리사가 평상시 자신의 칼을 날카롭게 갈아 놓는 것처럼 말이다. 2~30년 사회생활을 하면서 전문성이 갖춰진 우리 세대에게 전문 강사가 아니더라도 강의를 할 기회가 주어지거나 말을 해야만 하는 상황이 벌어질 때가 많다. 앞으로는 점점 더 많아질 수 있다. 사회가 말 잘하는 사람을 찾는다. 지금이라도 말을 잘 할 수 있는 준비를 해야 한다.

말하기는 옵션이 아니라 필수이기 때문이다.

설득을 위한 말과 정보전달을 위한 말은 다르다

말을 잘하는 방법을 찾기 위해서는, '어떻게 말을 잘하는가?' 하는 문제에서 출발하는 것이 아니라 '누구를 대상으로 어떻게 써야 효과적인 말인가?' 하는 문제에서 출발하는 것이 정답이다. 왜냐하면 말은 전달하고자 하는 의도가 달라지면 말의 형태도 달라지기 때문이다. 설득을 위한 말은 상대의 마음을 읽고 뒤흔드는 기술이, 정보전달을 위한 말은 상대가 이해하기 쉽게 전달하는 기술이 필요하다. 그런데 그런 말들은 살면서 익히는 수준의 말들이 아니다. 연습과 훈련, 그리고 노력을 통해 갈고 닦아서 만들어나가야 하는 말의 기술들이다.

'공무원이나 교사의 퇴직금은 먼저 발견하는 사람이 임자이다.'라는 말이 있다. 무슨 뜻일까? 쉽게 말하자면 사기를 당하기 쉬운 대상이라는 뜻이다. 일반적으로 교사는 아는 것도 많고 말도 잘 하므로 논리적이어서 설득하기 어렵다고 생각하기 쉬운데 실제는 그와 반대이다. 교사는 자기 분야에 대해서는 전문가라고 생각하기 때문에 고집도 세고 타협도 잘 하지 않으려고 한다. 하지만 자신이 모르는 분야에 대해서는 상대편이 전문가라고 인정하고 받아들이는 직업적인 특성 때문에 쉽게 남을 잘 믿고 의심하지 않아서 사기를 당하는 경우가 많다. 물건을 살 때도 그렇다. 물건을 판매하는 사람의 설득에 쉽게 넘어가기도 한다. 물건을 사면서 세일즈맨에게 정말 청산유수로 말을 잘한다고 칭찬을 한다. 사실 세일즈맨의 입장에서 보면 좀 당황스러운 일이기는 하다. 말로 먹고사는 직업은 교사나 세일즈맨이나 마찬가지인데 말 잘하는 사람에게 말 잘한다는 말을 들으니 당황하는 이유가 이해되기도 한다.

교사가 학생들 앞에서 하는 말과 세일즈맨이 고객을 대상으로 하는 말은 과연 어떤 차이가 있을까? 상대를 이해시켜야 하는 것은 둘 다 마찬가지다. 하지만 교사는 정보를 전달해서 지식을 쌓게 만드는 것이고 세일즈맨은 고객의 니즈를 파악해서 구매 욕구를 불러일으킨다는 것이다. 결국 교사는 지식이나 정보를 학생이 이해하기 쉽도록 전달하는 방법에 집중하는 말을 쓰고 세일즈맨은 고객이 구매를 할 수 있도록 마음을 뒤흔드는 방법에 집중하는 말을 쓴다. 둘 다 말은 잘하지만, 교사가 세일즈맨을 칭찬하는 이유는 자신의 마음이 움직였기 때문이다. 단순한 정보전달을 위한 말과는 차이가 있다. 만약 세일즈맨이 정보전달만을 위한 말을 하거나 교사가 학생을 대상으로 마음만 뒤흔드는 연습을 하면 그 결과는 안 봐도 알 수 있다. 물론 공통으로 갖춰야 하는 부분도 있다. 그래서 상대적으로 세일즈맨의 입장에서는 가지고 있는 정보를 정확하게 전달하는 교사의 모습에서 보고 배워야 할 부분이 많다는 점을 잘 알고 있다.

옷이나 메이크업도 T.P.O. 즉, 시간(time), 장소(place), 상황(occasion)에 따라서 달라지는 것처럼 말하기도 대상과 의도에 따라서 달라져야 한다. 인생을 살아오면서 말하는 방법을 애써 배우려고 하는 사람은 많지 않았다. 최소한 지금까지는 그래 왔다. 그럴 필요성을 느끼지 못했기 때문이다. 하지만 이젠 말하는 법만 잘 배워도 새로운 기회는 충분히 만들 수 있다. 기회는 준비된 자만 가질 수 있다. 지금부터라도 대상에 따라서 목적에 따라서 조금씩 말을 다르게 하는 훈련을 해보자.

듣는 기술이 핵심이다

말하기를 잘하기 위해서 선행되어야 하는 가장 첫 번째가 무엇이라고 생각하는가? 사실은 누구나 알고 있다. '듣기'가 먼저 되어야 말을 할 수 있다는 사실을 말이다. 아기를 키울 때를 생각해 보면 쉽게 수긍이 된다. 아기가 듣고 흉내 낼 수 있도록 끊임없이 같은 말을 반복해서 말했던 기억을 떠올려 보라. 먼저 잘 들어야 말을 잘 할 수 있다. 외국어를 공부할 때도 마찬가지이다. 언어 습득의 가장 기본이 듣기이고 그래서 문장 하나하나를 세심하게 듣는다. 그런데 모국어에 대해서는 그런 노력을 하지 않는다. 어느 순간 상대방의 말을 집중해서 듣지 않고 내가 하고 싶은 말만 하는 자신을 발견할 때가 있다. 친한 사람과 대화를 할 때는 상대방에 대해서 잘 알고 있기 때문에 대충 듣고 말해도 별문제가 없지만, 목적을 가진 대화를 할 때는 이런 말 하기는 의사소통이 안 되는 불쾌한 상황만 연출될 뿐이다.

예전에 영업할 때 상대방과 대화를 하다가 가끔 "말 잘하는 교육을 따로 받나요?"라는 질문을 받은 적이 있다. 당연히 받는다. 여러 가지 설득하는 방법에 대한 교육을 받지만, 그중에서 가장 기억나는 부분이 바로 '경청'이었다. '경청'도 방법이 있고 기술이 필요하다. 그중 내가 기억하고 잘 활용하는 방법은 상대방의 말을 듣고, 들은 내용이 맞는지 질문을 통해서 확인하는 것이다. 내가 들은 내용이 맞는지 확인하기 위해서는 상대방의 말을 정리해서 질문해야 하는데 그러기 위해서는 집중해서 들어야만 한다. 이렇게 대화를 하면 상대방도 나도 정리되고 분명한 주제를 가지고 대화하게 된다.

말은 글과는 달리 생각의 잔상으로만 남을 뿐 눈에 보이지 않는다. 녹음하지 않으면 어떤 말을 했는지 말하는 사람이나 듣는 사람이나 정확하게는 기억할 수 없다. 그저 흐름에 맞춰서 대화를 하고 듣는 순간 자기 생각으로 상대편의 말을 편집하기도 한다. 그래서 종종 오해가 생길 수도 있다. 이런 오해를 방지하는 가장 좋은 방법이 바로 나 자신의 의도가 들어간 질문을 통해서 필요한 내용을 들을 수 있는 방법이다. 상대방의 말을 집중해서 듣고 정리한 내용을 다시 한번 확인하게 되면, 말한 사람도 정리해준 내용에 집중하게 되고 자신이 무엇을 말하고자 했는지 그 의도가 정확히 전달되었는지를 알 수 있다.

이렇게 경청을 했을 경우 생기는 또 하나의 이점이 있다. 상대방의 말을 듣고 정리해서 질문하는 습관이 몸에 배게 되면 말을 할 때도 머릿속으로 정리를 해서 그 내용을 말하게 된다. 그렇게 되면 상대방이 쉽게 알아들을 수 있도록 정리된 문장으로 말할 수 있다.

메모하는 습관도 도움이 된다. 말의 내용을 다 적을 수 있다면 좋겠지만 적느라고 상대방의 말에 집중하지 못하게 되면 안 적는 것보다 못하다. 그래서 말의 요지를 기억할 수 있는 단어 몇 개 중심으로 적는 습관이 되어 있으면 좋다. 이렇게 습관이 되어 있으면 나중에 내가 어떤 주제를 가지고 말할 때도 미리 중요한 단어 몇 개를 적어 놓고 나중에 발표하기 전 메모한 것을 보고 연습을 해볼 수 있다.

사람들은 누구나 자신의 얘기를 잘 들어주는 사람에게 호감을 느끼게 된다. 그리고 그런 사람의 말은 한 번 더 귀 기울이게 되는 법이다. 상대방의 말을 잘 듣게 되면 그 사람의 니즈도 분명하게 파악할 수 있고 그에 맞춰 설득도 가능하기 때문에 경청은 대화할 때 있어서 꼭 필요한 요소이다.

기승전결, 클라이맥스 배치,
스토리텔링이 필요하다

가끔은 대화를 할 때 상대편의 말이 무슨 말인지 못 알아들을 때가 있다. 그럴 때 '횡설수설'한다고 한다. '횡설수설'이란 말의 두서가 없이 떠드는 것을 말한다. 서로 일상적인 대화를 할 때는 술에 취하지 않는 이상 이런 현상이 나타나지는 않는다. 하지만 어떤 주제를 갖고 얘기할 때 가끔은 말이 제멋대로 나갈 때가 있다. 내가 말하고도 무슨 말인지 모를 때가 생기는 경우이다. 친한 사이일 때는 서로 웃고 지나갈 수 있는데, 공적인 자리에서 이런 현상이 반복되면 능력에 대한 의구심까지 받을 수 있다.

왜 그런 현상이 생기는 걸까? 머리로 하는 생각과 입으로 하는 말의 시차 때문이다. 분명 모든 사람은 생각을 하고 말을 한다. 그런데 어떤 사람들은 생각을 정리한 후에 말을 하고, 어떤 사람들은 떠오르는 생각의 흐름을 그대로 말로 한다. 이 차이가 듣는 사람에게 조리 있게 말을 전달하는 사람과 횡설수설하면서 말을 하는 사람으로 느끼게 한다. 대부분 기승전결은 글을 쓸 때 해당할 뿐 말을 할 때도 기승전결에 맞춰서 해야 한다고는 생각하지 않는다. 물론, 일상적인 대화에서는 굳이 기승전결을 맞출 필요는 없다. 전달하고 싶은 사실이나 느낌, 감정만 얘기하는 것만으로도 충분하다. 하지만 사회생활을 할 때는 기승전결 전체를 다 배치하지 않더라도 주제를 표현하는 적절한 클라이맥스 배치가 필요한 말을 해야 할 때가 많다. 회의, 토론, 발표, 영업 등 말에 의해서 결정을 하게 되는 상황이 발생하는 경우가 그러하다.

그래서 결정적인 한마디를 위한 연습이 필요하다. 그렇게 하기 위해서는 평상시에 생각을 정리한 후에 말을 하는 연습을 통해 말하는 습관을 들이는 게 좋다. 생각을 정리한다는 의미는 내가 강조하고 싶은 부분을 어필하기 위해서 말의 흐름을 어떻게 할지를 결정하라는 것이다. 쉽게 얘기하면, 똑같은 드라마 줄거리를 얘기해도 어떤 사람은 재미있게 얘기하고 어떤 사람은 지루하게 얘기한다. 그 차이는 클라이맥스가 있고 없고의 문제다. 즉, 이야기 속에서 긴장감을 느끼게 해야 다음 이야기에 대한 궁금증이나 기대가 생기는데 그런 게 없이 그저 얘기를 나열하게 될 때 재미없다고 느끼게 된다.

강의할 때도 마찬가지이다. 기승전결, 혹은 클라이맥스가 적절히 분포되어 있어야 좋은 강의를 들었다고 생각하게 된다. 가장 이상적인 강의는 강의 시간 내내 박진감과 유머가 넘치며 분위기가 지속해서 고조되는 강의이지만, 실제로는 거의 불가능하다. 그러니 최소한 강의 처음과 끝부분에는 클라이맥스를 배치하자. 제일 안 좋은 방식은 용두사미이다. 처음에는 흥미를 끌면서 시작했다가 점점 지루해지면서 끝나게 되면 최악의 강의가 된다고 생각해야 한다. 그보다는 강약을 조절하며 시작하고 중간중간 그리고 끝에서 분위기를 고조시키면서 마무리하는 것이 가장 좋다. 만약 시작과 중간의 강약조절이 실패했다고 하더라도 반드시 마지막은 성공해야 한다. 청중은 강의의 마지막으로 인상을 결정하는 경우가 많기 때문이다.

강의할 때는 강의계획안을 만들 거나 시나리오를 작성할 때 준비를 하면 된다. 어느 순간이 클라이맥스가 되는지 그걸 위한 사례나 정보로 무엇을 선택할지 등 세심하게 검토하고 전략을 수립해야 한다. 강의안이나 프레젠테이션은 미리 준비하는 게 가능하다고 하지만, 그 외에 회의나 발표 시에도 그러기는 쉽지 않다. 그렇기 때문에 평상시에 훈련을 통해서 습관을 만들 필요가 있다. 일상의 대화에서 가끔 주제를 말해야 할 때가 있을 때 기승전결을 생각하면서 스토리를 만들어서 얘기해보자.

결국 훈련이다

예전 직장에서 전체 강사들을 두고 강의 평가를 한 적이 있었다. 1박 2일 동안 진행되었는데 평가는 2가지 방식이었다. 먼저 부문별로 동일한 강의안을 만들어서 강의하되 전체를 몇 개의 팀으로 나누어서 팀 안에서 서로 개인 강의 평가를 하는 게 첫 번째이고, 두 번째는 다음 날 아침 부문별 대표 강사가 강의해서 부문별 평가를 했다. 주제가 주어진 상태였기 때문에 강의안도 잘 만들어야 하고 강의안에 맞게 강의도 잘해야 한다. 게다가 해당 부문이 전체적으로 점수가 높아야 한다는 부담감도 있었기 때문에 전쟁 같은 시간을 보냈다.

파워포인트를 잘하는 몇 명이 모여서 파워포인트를 만들고 흐름을 잡은 후에 보여주고 시범 강의도 시켜보면서 내용 수정도 하고 대표 강사가 시연을 하고 연습하게 했다. 게다가 팀별로 개인 강의 평가를 하면서 들어오는 피드백에 맞춰 최종 수정해서 대표 강의를 해야 했기 때문에 1박 2일 동안 거의 잠을 잘 수가 없었다. 한 명이라도 강의능력이 부족하면 점수가 깎일 수 있는 상황이었고 그런 구멍은 어디나있듯이 우리 팀에서도 있었다. 남들에 비해 강의능력이 부족한 후배였다. 그런데 그렇게 걱정했던 그 후배가 너무나 강의를 잘했다. 어떻게 강의를 준비했는지 궁금했는데 해답은 간단했다.

"강의 잘했네. 시간도 없었을 텐데 어떻게 강의 준비를 한거야?"

"그때 선배님이 시연해줬던 강의 녹음한 걸 달달 외웠어요."

모방이 제2의 창조라는 말이 있다. 자신이 생각하기에 잘한다고 생각되는 강의를 흉내 내면서 연습하면 내 강의도 훌륭해진다. 어차피 똑같지는 않다. 자신만의 언어, 표현이 있기 때문에 비슷할 뿐 같지는 않다. 다만 기술적인 부분에서 혹은 표현의 유려함에서 잘하는 사람의 스킬을 가져온다고 생각하면 된다. 그렇게 훈련하면서 많은 강의를 하게 되면 어느 순간 자신만의 강의 스타일이 생기고 이제는 남들이 따라 하고 싶은 강의를 하게 된다. 아무리 많이 해도 과하지 않은 유일한 것이 바로 훈련, 연습이다. 강의를 위한 연습은 세가지 포인트를 중점적으로 생각하면서 이루어져야 한다.

첫 번째가 강의 줄거리 숙지다. 만약 파워포인트를 활용한 강의를 한다면 다음 장에 어떤 파워포인트가 나오는지 다 외우고 있어야 한다. 강사는 청중을 보면서 강의를 해야 한다. 그런데 한 장 넘길 때마다 파워포인트를 확인하고 보면서 강의하는 방식은 듣는 사람에게는 집중도도 떨어지고 강의에 대한 이해도도 떨어지므로 좋은 강의라 할 수 없다.

두 번째는 세부 내용에 대해 완벽한 이해를 해야 한다. 가끔 청중들은 전혀 뜻밖의 질문을 하기도 한다. 강의 내용뿐만 아니라 그와 연관된 사실관계도 최대한 알고 있어야 한다. 예상밖의 질문이라고 머뭇거리면 그 강의는 망했다고 보는 게 맞다. 그래서 단어 하나라도 질문에 대답할 수 있도록 다시 한번 숙지하고, 자세히 설명하지 않을 내용이라도 관련 내용과 사례가 명확하게 머릿속에 들어 있어야 한다. 질문하리라 생각되는 어려운 내용이 있다면, 강의하면서 먼저 청중에게 질문을 던지고 미리 설명하는 방법도 괜찮다. 상황에 맞게 활용하면 되는 방법의 하나다.

세 번째는 기능적인 조작이 완비되어야 한다. 강의 중 음악이나 동영상을 틀어야 한다면 스피커나 소리 등 미리 예행연습을 해서 매끄럽게 강의가 흘러가도록 해야 한다. 그래서 강의 장소에 미리 가서 기계 조작 등 강의 리허설을 할 필요가 있다.

연습할 때는 본 강의할 때처럼 강의할 위치에서 실제 강의하는 것처럼 조작하면서 하는 게 가장 좋다. 만약 리허설을 할 수 있는 여건이 안된다면 상상 강의라도 여러 번 해봐야 한다. 특히, 상상 강의를 할 때 머릿속으로만 하지 말고 입 밖에 내서 말을 해봐야 한다. 머리로 생각하는 것보다는 실제로 입으로 말하게 되면 단어 사용이나 문장 사용 시간 등 더 정확하게 예측이 가능하다. 즉, 시뮬레이션이 충실히 되어야 한다. 내 경우에는 운전할 때 상상강의를 통해 강의 연습을 한다. 이처럼 직접 말을 하고 그 소리를 내가 들으면 더욱 상상도 쉬워지고 느낌이 확실하게 전달된다.

강의는 얼마나 열심히 준비했는지에 따라서 강의가 달라진다. 물론, 그 외에도 청중과의 궁합이나 방해요소에 따라서 달라지기도 하지만 일단 강사가 준비가 완벽하게 되어 있어야 돌발상황에 대비하기가 쉬워진다. 무대에서 노래하는 가수이건 연극을 하는 배우이건 강단 위에서 강연하는 강사이건 모두 다 무대에 서는 순간 그에 대한 평가는 오롯이 자신의 몫이 된다. 평가를 제대로 받고 싶다면 꼼꼼하게 계획을 세워서 열심히 최대한 치열하게 연습하자.

표정도 말이다

'웃는 얼굴이 참 예뻐요' 내가 가장 좋아하는 칭찬이다. 난 이쁜 얼굴도 아니고 지금은 교정했지만, 뻐드렁니에 덧니가 있어서 어릴 때는 외모에 대한 콤플렉스가 많았었다. 게다가 하나 있는 남동생은 잘생겼었기 때문에 동네에 함께 나가면 다들 동생만 잘생겼다고 칭찬을 했었다. 지금 생각하면 웃기지만 그런 말들이 여자인 나에게는 큰 상처로 다가오기도 했다.

그런데 이미 타고난 외모를 어쩌겠는가. 다행히 긍정적인 성격을 타고난 덕분에 예쁘지 않으면 호감이라도 줄 수 있는 인상을 주자라는 생각으로 예쁘게 웃는 연습을 했다. 뻐드렁니에 덧니라도 입을 가리고 웃는 것보다는 환하고 예쁘게 웃는 것이 더 낫다는 생각으로 매일 연습을 했고, 지금은 교정하긴 했지만, 교정을 하기 전에도 웃는 모습이 예쁘다는 말을 많이 들었었다. 내가 원했던 말이기 때문에 어린 마음에 행복하고 기뻤다.

그런데 이렇게 연습을 하다 보니 나이가 먹어가면서 난 어느새 웃는 표정이 스며있는 얼굴이 되어 있었다. 강의할 때도 특별한 경우를 빼놓고 항상 웃으며 하다 보니 대부분 강의 칭찬과 함께 웃는 얼굴에 대해 칭찬을 해준다.

불혹이 되면 자신의 얼굴에 책임을 져야 한다는 말이 있다. 화난 표정을 짓고 있는 사람이 있고 우는 표정의 사람도 있다. 그런 사람들보다는 아무래도 밝고 웃는 표정의 사람에게 더 다가가고 싶고 친해지고 싶은 게 사람마음이다. 표정은 내면의 감정이 나타난다. 심지어 표정으로 대화도 가능하다. 그렇기 때문에 강사들은 표정을 활용할 줄 알아야 한다. 마치 연기자처럼. 그래서 강사훈련을 할 때 연기하듯이 하라고 할 때가 있다. 연기를 잘하는 사람이 강의도 잘한다.

사람들은 대화할 때 혹은 강의를 들을 때 귀로만 듣는 것이 아니라 온몸으로 듣는다. 말의 내용과 발음도 중요하지만, 표정, 몸짓, 그 때의 분위기 이 모든 걸 다 듣는다. 그래서 강사처럼 앞에서는 사람은 표정이 많아야 한다. 몸짓은 너무 많이 하면 산만해 보이고 주의집중이 안 되기도 하지만 표정은 그렇지 않다. 적절한 표정분배와 억양, 발음 이런 것이 내용과 어우러질 때 집중하게 된다.

그래서 말하기 연습을 할 때 녹음을 해서 내 목소리를 들어보는 것도 중요하지만 때로는 녹화를 해서 표정과 몸짓이 어떤지 살펴보는 것이 도움이 된다. 그러다 보면 큰 동작과 표정이 생각보다 과장되지 않게 느껴질 것이고 그렇게 해서 청중과 공감을 끌어낼 수 있다는 것도 배우게 된다.

강의에 필요한 말하기

유머

"좋은 강의는 어떤 강의일까요?"라고 질문하면 대부분 쉽고 재미있는 강의라고 대답한다. 아무리 좋은 정보와 알찬 내용으로 짜인 강의라도 어렵고 지루하면 평가가 안 좋을 뿐만 아니라 내용 자체도 별로 기억나지 않는 경우가 대부분이기 때문이다. 사실 강사의 입장에서는 강의 내용 모두를 기억해 준다면 좋겠지만 강의를 통해서 하나라도 배워간다면 그것만이라도 무척 감사함을 느낀다.

지루하지 않게 주제를 기억시키기 위해서는 유머가 참 중요하다. 그런데 유머는 어느 정도는 타고난 재치가 필요하기 때문에 발달시키기가 참 힘들다. 하지만 좋은 강의를 위해서는 그런 유머도 연습을 통해 끌어내야 한다. 유머를 잘 활용하는 강사의 화법을 연습해서 흉내 내는 것도 좋은 방법이다. 그러나 매번 활용하기가 어렵다면 강의를 하면서 적절한 예화나 사례를 통해서 분위기를 환기해 보자. 다행히 나는 사례나 예화를 전달할 때, 마치 눈앞에 그리듯이 말하는 재주가 있다. 청중들의 상상을 자극해서 마치 영상을 보는 것처럼 이야기한다. 사례나 예화를 얘기하면 집중이 되면서 분위기가 환기된다.

만약 유머가 전혀 익숙하지 않고 자신에게 맞지 않는 경우에는 청중의 지적 갈등을 채우는데 집중하는 방법도 좋다. 강의를 듣는 이유는 그 시간을 통해서 무언가를 배우거나 얻기를 위해서 듣는다. 그런 마음으로 온 청중의 지적인 욕구, 혹은 감정적인 욕구를 채워준다면 좋은 강의를 들었다고 생각하게 할 수 있다.

시선끌기

같은 내용의 강의라도 하는 사람이 누구냐에 따라서 강의는 달라진다. 자료와 시나리오가 동일해서 완전히 외워서 하기 전에는 말이다. 설사 이렇게 완전히 외운다고 해도 강사에 따라서 조금씩 다르게 느껴지곤 한다. 그런데 그 차이는 시작과 동시에 벌어진다. 강의내용은 같아도 강사마다 시작하는 오프닝은 자기만의 색깔을 가지고 있다. 그 색깔이 집중도를 달리할 수 있다. 처음 시작에 어떤 식으로 시선을 끌었는가에 따라서 그날의 강의가 결정되기도 한다. 강사가 얼마나 고민하고 준비하는가에 따라서 이 부분이 달라진다. 때로는 영상으로 시선을 끌 수도 있고, 유머로, 혹은 강렬한 말로 시선을 끌 수도 있다. 서로 다른 강의에서 항상 같은 오프닝을 하는 것은 바람직하지 않다. 대상자에 따라 받아들이는 수준이 다를 수 있기 때문이다. 항상 강의마다 무엇이 맞을지 고민하고 준비해보자.

시선주기

대화할 때 상대의 눈을 자주 보라는 얘기를 많이 한다. 직접적으로 눈을 맞추면 때로는 부담도 느낄 수 있어서 인중 부근을 적절히 보면서 집중하고 있다는 느낌만 들면 된다. 그런데 강의는 다수의 청중을 대상으로 하므로 한 명씩 눈을 맞추기는 어려운 일이다. 그래서 공간 분할을 통한 시선 주기가 필요하다. 그런데 대충 흘깃 본다고 해서는 효과가 없기 때문에 다수의 대중을 상대로 하기 전에 소규모 인원 모임을 통해서 훈련을 먼저 해보는 게 좋다.

소규모 인원일 때는 한 사람씩 순서대로 시선을 준다. 예를 들면 오른쪽에서 왼쪽으로 갔다가 다시 왼쪽에서 오른쪽으로. 단, 이렇게 시선을 왕복할 때 시간 배분을 해서 같은 시간 시선이 머물도록 하고 시선 주기가 끝난 시점에 대담이 다 마무리될 수 있도록 시간 배분을 하는 훈련을 한다. 이 훈련이 끝나면 다수의 청중을 대상으로 공간을 나눠서 시선을 준다. 예를 든다면 강의장이 단층의 사각형의 공간이라면 그 공간을 네 등분으로 나누어서 차례대로 시선을 보내는 거다. 만약 여러 층의 공간이라면 1층부터 2, 3층으로 시선을 올리고 다시 내리는 것도 함께 해줘야 한다. 즉, 강의를 하면서 한 곳만 바라보고 있다는 느낌을 안 가지게 하는 것이 중요하다.

재미있는 것은 시선 처리만으로도 강사의 강의 능력과 청중의 반응이 달라질 수 있다는 점이다.

공감

성공적인 강의를 하기 위해서는 청중을 내 편으로 만들어야 한다. '그래 너 한 번 강의해봐'라는 마음의 청중들만 있다면 너무나 힘들고 실패할 확률이 높다. 처음엔 그런 마음으로 참석한 사람들이 있다고 하더라도, 강의하면서 하나둘씩 내 편으로 만들게 되면 강의의 분위기를 바꿀 수 있다.

이렇게 청중을 내 편으로 만드는 가장 좋은 방법은 공감이다. 공감은 동감과 다르다. 동감은 상대와 똑같이 느끼는 것을 말하고 공감은 상대를 이해하는 것이다. 예를 들어서 물에 빠진 사람이 있다고 하자. 동감은 같이 빠져서 그 사람과 똑같이 살고 싶고 구해줬으면 하고 느끼는 것이고, 공감은 물에 빠진 사람을 보면서 그 사람이 얼마나 살고 싶을까 하는 마음을 이해하면서 구하기 위해 애쓰는 것으로 생각하면 된다. 강사와 청중과의 관계는 동감보다는 공감이 더 적절하다. 같은 입장이 아니기 때문이다.

강사가 청중의 특성을 파악해서 예시나 사례 등을 통해서 공감을 표현하게 되면 청중들도 공감하게 된다. 내 마음에 공감해주고 자신의 이야기를 한다고 생각하게 되면 강의에 집중하게 되기 마련이다. 결국 강사를 내 편으로 인식하면서 강의를 마음의 문을 열고 받아들이게 된다. 당연히 그런 청중이 늘어날수록 강의는 성공의 길로 한 걸음 내딛게 된다.

발음, 속도, 억양, 목소리

단점을 줄이는 노력도 해야 하지만 장점을 부각하는 노력을 함께 해줘야 더 효과가 난다. 누군가가 나에게 "강사로서 본인이 가진 가장 큰 장점이 무엇입니까?"라고 질문한다면 난 목소리라고 대답한다. 다행히도 난 타고난 목소리가 좋다. 어릴 때는 내 목소리가 좋다는 생각을 별로 못하면서 살아왔는데, 강의를 시작하면서부터는 목소리가 좋다는 말을 항상 들어왔다. 아마도 대화할 때의 목소리보다는 강의할 때의 목소리가 훨씬 잘 전달되기 때문이라고 생각한다.

목소리는 타고난 부분이기 때문에 후천적으로 변화시키기는 쉽지 않다. 하지만 발음과 억양 등은 충분히 바꿀 수 있다. 아무리 목소리가 좋아도 발음이 엉망이면 듣고 싶지 않고 짜증이 나기 마련이다. 억양도 마찬가지이다. 억양은 보통 사투리 때문에 생기는 문제다. 그래서 대부분의 강사는 표준말을 사용하기 위해서 많이 노력한다. 사투리가 심하다고 강의를 잘하고 못하는 것을 구분할 수는 없다. 하지만 사투리 억양 때문에 발음에 문제가 있다면 듣는 사람으로서는 그리 좋은 반응을 하지 않는다. 발음은 말하는 속도와도 관계가 있다. 말하는 속도가 너무 빨라 발음이 정확하게 들리지 않을 수 있다. 적절한 속도를 유지하면서 너무 느리지 않게 정확한 발음으로 전달해야 한다.

목소리 크기도 조정할 수 있어야 한다. 소리를 내는 연습을 하지 않으면 뒤까지 목소리가 전달되지 않거나 소리가 퍼지지 않고 먹힌다고 하는 경우가 생각보다 많다. 강의나 발표를 할 때 처음에 가장 실수하는 부분이 1:1 대화를 할 때처럼 목소리를 내는 경우이다. 이런 경우는 전혀 뒤로 전달되지 않고 분위기만 망친다. 강사 자신의 소리가 어디까지 전달되는지 파악해서 조절해야 한다. 또한 강조하거나 집중이 필요할 때 목소리의 강약조절이 큰 도움이 된다. 이렇게 발음이나 말의 속도, 목소리의 높낮이를 조절하는 이유는 변화를 주기 위해서이다. 일정한 크기의 목소리로 계속 말하는 소리를 듣는다고 생각해보라. 정말 지루하고 단지 자리에 앉아있기만 할 뿐 내용은 하나도 머리에 안 남을 수 있다.

강단에 서있는 강사가 가지고 있는 무기는 말뿐이다. 그래서 강사는 말로 강의에 변화를 주고 분위기를 고조시켜야 한다. 그러기 위해서는 어조 높낮이, 말의 속도, 발음, 표정이나 자세를 활용해야 한다. 중요한 얘기를 하기 전에는 작은 목소리로 말해서 주의를 집중시킨 후 강조하고자 하는 말을 좀 크고 높은 목소리로 얘기한다면 분위기를 확실히 끌어올 수 있다.

상황에 맞게 분위기를 끌어오기 위해서 이런 모든 부분을 조절한다면 좀 더 좋은 강의를 할 수 있다.

어떤 질문이 좋을까?

강의의 집중도가 높아지도록 하는 방법의 하나로서 질문을 꼽는다. 질문을 통해서 분위기를 환기하고 청중의 참여를 유도할 수 있다. 강의에서의 질문은 단순하고 쉬운 대답을 통해서 강의에 참여하고 있다는 생각을 가질 수 있도록 해야 효과가 더 크다. 물론, 강의의 종류에 따라서 질문의 내용은 달라진다. 지식 전달을 위한 강의 즉, 강단에서 교수님이나 전문가가 하는 강의일 때는 조금 스트레스가 되더라도 내용에 대한 정리 혹은 앞으로 할 내용에 대한 흥미를 끌 수 있는 질문을 할 필요는 있다. 때로는 청중의 집중도를 높이기 위해서 간혹 대답하기 어려운 질문을 할 수도 있다. 신제품이나 새로운 시스템에 대해서 기술적인 강의를 할 때도 활용할 수 있는 방법이다.

리더십 강의나 동기부여, 업무 향상을 위한 강의를 하는 경우에는 그냥 물어보는 질문도 가끔 필요하다. 물론, 질문을 통해서 웃음까지 유도할 수 있다면 분위기를 부드럽게 할 수 있어 더 좋다. 이런 질문은 주로 청중과의 관계를 친밀하게 해야 할 필요가 있을 때 사용한다. 강의 중간에 던지는 질문은 청중들이 쉽게 대답할 수 있는 질문을 던져야 한다. 답을 같이 알고 있을 때 확인하는 차원에서의 질문은 호응을 유도할 수 있을 뿐만 아니라 청중의 만족감도 높일 수 있다. 만약 너무 어려운 질문을 했거나 생각 외로 청중들이 답변을 쉽게 못 한다면 강사가 자연스럽게 답을 하면서 얼른 마무리해야 한다. 질문으로 인한 스트레스가 강의에 대한 흥미를 넘어서면 좋지 않기 때문이다.

프레젠테이션에 필요한 말하기

　프레젠테이션은 어떤 주제를 각인시키는 말하기이다. 그래서 일반 강의히고는 나소 다르다. 정확하게 말하면 프레젠테이션은 여러 가지 강의 중한 종류라고 말할 수 있다. 그래서 프레젠테이션을 할 때는 어떻게 말할까? 라는 부분도 고민해야 하지만 그보다는 어떻게 주제를 부각하는 것이좋을까? 에 대한 고민을 더 많이 하게 된다.

　주제를 강조하기 위한 방법에는 무엇이 있을까? 첫 번째는 자료의 활용이다. 일반 강의는 동영상이나 파워포인트 자료를 보조도구로 사용하지만, 프레젠테이션은 동영상이나 파워포인트 자료가 주가 될 수도 있다. 어떤 주제 혹은 소재를 확실하게 부각하는데 시청각 자료의 효과는 크기 때문이다. 발표 전문가라면 파워포인트는 심플하게 글자 혹은 사진만 두고말로 공감을 유도해도 되지만 발표 경험이 많지 않다면 하고자 하는 말이

담겨있는 동영상이나 사진을 활용하는 편이 공감을 이끌기에 좋다. 단, 너무 과하게 사용하면 부작용이 더 많다. 집중하고자 하는 부분만 한두 개 정도 과장해서 자극적인 표현을 사용하고 대부분은 평이하게 하는 편이 훨씬 더 매력적인 프레젠테이션이 될 수 있다.

두 번째는 역시 시나리오이다. 시나리오는 강사가 자신과 하는 약속이다. 그런 약속 없이 단지 흐름만 잡고 강의를 하는 경우는 강사로서 좋은 선택이 아니다. 어떤 수준의 강의라고 해도 반드시 시나리오는 필요하다. 너무 어렵게 시작할 필요는 없다. 처음부터 끝까지 자세하게 시나리오를 작성하는 방법도 좋지만, 하나하나 구체적으로 쓰지 않는다고 하더라도 최소한 큰 그림 정도는 잡아주어야 한다. 시나리오를 작성하면 주제를 강조하고 각인시킬 수 있는 용어와 그 용어를 써야 할 시점을 미리 정할 수 있다. 흥미, 궁금증 유발, 강조, 감동 등을 어떻게 배치할지 정할 수 있다. 시나리오도 쓰는 경험이 필요하다. 요리할 때 양념을 '적당히' 넣으라는 음식솜씨 있는 어머님의 말씀처럼 결국은 해보는 수밖에 없다. 시나리오를 써보는 경험을 많이 해보면 '적당히'가 어떤 느낌인지 알 수 있다.

세 번째는 청중들에게 잔상과 욕구를 남길 수 있어야 한다. 강사는 상품을 설명하는데 청중이 자기 삶의 변화를 느낀다면 그 강의는 성공적이라고 할 수 있다. 우리가 잘 알고 있는 스티브 잡스 프레젠테이션의 특징이다. 아이폰이 출시될 때를 보면 그가 왜 뛰어난 프레젠테이션 전문가인지 알 수 있다. 물론, 제품 자체가 혁신적이라는데 이견이 없다. 하지만 뛰어나고 혁신적이라고 해서 모든 제품이 성공하지는 않는다. 그의 프레젠테이션을 듣다 보면 그 제품을 사용하고 있는 내가 머릿속에 그려지고 그로 인한 삶의 변화를 기대하게 된다. 결국 구매 욕구를 불러오고 제품의 잔상이 남아있게 된다. 그래서 그 프레젠테이션은 성공적이라고 말할 수 있다. 어떤 주제 혹은 제품을 소개할 때 그 자체의 장점과 차이점을 설명하는 것도 중요하지만 그로 인해서 누리게 되는 혜택이나 이점을 설명하는 것이 훨씬 뇌리에 남게 되는 효율적인 방법이다.

프레젠테이션은 광고와 비슷하다. 광고는 15초 30초의 짧은 시간 동안 강렬한 영상을 통해서 메시지를 전달하지만, 프레젠테이션은 30분 내외로 좀 더 자세하게 메시지를 전달하는 말하기이다. 이런 특징을 잘 기억한다면 좋은 프레젠테이션을 할 수 있다.

네 번째로 앞의 세 가지를 활용해서 훈련하는 것이 필요하다. 아무리 과해도 좋은 것이 딱 하나 있다. 그건 리허설 즉, 연습이다. 자료를 만들고 머릿속으로만 해보는 것과 실제로 일어서서 자료와 함께 발표하듯이 프레젠테이션을 해보면 확연히 다르다. 때로는 순서를 수정해야 하는 경우도 있고, 자료를 추가하거나 없애야 하는 경우도 생길 수 있으니 완전히 마음에 들 때까지 리허설을 해보자.

온라인 강의에 필요한 말하기

　수백 명 앞에서 떨지 않고 재미있게 강의를 하는 사람들도 카메라 앞에만 서면 긴장을 해서 제대로 말을 못 하는 경우가 많다. 익숙하지 않아 어쩔 수 없는 긴장감일 수도 있고 카메라에 대한 두려움일 수도 있다. 자연스러움이 가장 좋은 방법이라고는 하지만 화면에서 보이는 자연스러움은 보는 사람에게는 부담스러울 수 있다. 그래서 방송은 상당히 기술적인 부분이 요구된다. 스쳐 지나가는 모습이 아니라 흔적이 고스란히 남아있기 때문에 살펴봐야 하는 것이 상당히 많다.

　처음 방송을 할 때 방송불가를 통보받고 심각하게 고민한 적이 있다. 물론 재도전으로 강의를 할 수 있는 기회를 얻었지만 정말 돌이키고 싶지 않은 기억이다. 처음에는 거절의 이유를 몰랐다. '나 정도면 잘하는 거 아닌가?' 하는 생각이었는데 녹화화면을 보고 나서는 처절하게 그 느낌을 알 수 있었다. 표정, 말투, 억양, 속도, 시선 모든 것이 어색하고 민망한 수준이었다. 하지만 수십번 돌려보면서 고치고 또 고쳐 재도전을 할 수 있었고 다시 강의할 기회를 얻었다. 누구나 처음엔 못 할 수 있다. 그다음에도 또 못하는 것이 문제가 될 뿐이다. 더구나 지금은 온라인이나 개인방송을 쉽게 접할 수 있는 시대이다. 이런 시대에 하루라도 빨리 적응해서 자신의 특장점으로 삼을 수 있다면 제2의 인생을 시작하는 하나의 전환점이 될 수 있다.

그렇다면 방송에서 말을 잘하려면 어떻게 해야 할까?

첫 번째가 상상력이다. 카메라와 함께 촬영 기사, 감독, 관리자 등 분명히 앞에 사람들이 있음에도 불구하고 카메라를 집중해서 바라보고 말하기 때문인지 사람이 없다고 생각하게 된다. 그래서 마치 혼잣말을 하는 느낌 때문에 어색하고 매끄럽게 되지 않는다. 이 어색함이 지속하면 아무리 편집을 한다고 해도 그 영상을 사용하기는 어렵다. 그렇기 때문에 내 눈앞에 카메라가 아닌 사람들이 있다는 상상력이 필요하다. 그들이 내 말에 웃고 반응한다고 생각해야 자연스럽게 말을 할 수 있게 된다.

두 번째는 뻔뻔함이 필요하다. 상상했으면 주변을 의식하지 말고 뻔뻔해져라. 뻔뻔해져야 그 상상의 중심에 서서 가상의 청중을 상대로 그 상대가 반응도 하고 질문에 대답도 하고 있다는 시나리오를 실제처럼 이어갈 수 있다. 이처럼 상상력과 뻔뻔함이 합을 이루면 연기력이 된다. 즉, 방송의 말하기는 이런 연기력이 꼭 필요하다.

세 번째는 정확한 정보와 사실을 전달해야 한다. 방송은 오프라인보다는 더 많은 준비가 필요하다. 같은 시간을 강의한다고 할 때 오프라인의 경우는 청중과의 교감으로 할애되는 시간이 있지만, 방송은 그렇지 않기 때문에 더 많은 준비를 해야 한다. 양적인 부분뿐만 아니라 지식의 질에서도 더 많이 준비되어야 한다. 방송은 온전히 강사에게 집중될 뿐 아니라 기록으로 남기 때문에 정확한 정보와 지식이 더 필요하다.

　마지막으로 네 번째는 주인의식이다. 방송하는 시간만큼은 내가 주인이다. 그러니 당당하게 하자. 스포츠 경기를 할 때도 홈경기의 이점이 존재한다. 방송하는 동안 그 공간과 시간의 주인으로서 당당하게 준비된 걸 전달한다면 시청자들에게도 무언가 배울 수 있었던 좋은 시간이 될 것이다.

토론을 위한 말하기

　토론은 주제를 가지고 여러 사람이 자신의 의사를 표현하는 말하기다. 그런데 토론은 논의하는 주제가 찬반이 갈리는 확실한 구분이 생기는 특징이 있다. 찬성과 반대라는 구분은 이미 토론에 참석하고 있는 사람들에게는 아군과 적군이라는 심리적 저항선을 구축하게 한다. 그 때문에 격하게 말을 할 수밖에 없는 배경을 가지고 있다. 논제를 떠나서 토론하는 모습만을 보게 되면 어떤 사람이 더 말을 잘하고 토론을 이끌어 가는지 분명하게 보인다. 물론 청중으로서도 마음속에 이미 찬반이 결정되어 있으면 자신의 선택과 같은 쪽을 더 응원할 수는 있겠지만 토론을 잘하고 못하는 사람을 보는 눈은 같다.

　"토론을 잘하는 방법이 있습니까?"

　"토론 잘하는 사람을 잘 관찰하면 됩니다"

우문현답이다. 토론을 잘하는 것은 토론에 적합한 말을 하면 된다. 그런 사람을 찾아서 잘 살펴보면 된다는 말이다. 그렇게 토론을 잘하는 사람들을 살펴보면 몇 가지 공통점이 보인다.

첫 번째, 말의 논리가 분명하다. 주제에 대해 자신의 주장을 논리적으로 설명을 하면서 그 근거를 분명하게 제시한다. 말장난식의 말 잔치를 하는 것이 아니다. 제시할 수 있는 근거가 명확하고 그 근거를 바탕으로 논리를 전개하기 때문에 설득력이 강하다.

두 번째, 상대의 말을 진지하게 듣는다. 대화의 기술에서 가장 원론적인 해답이다. 대화하는데 기술적으로 가장 어렵지만 가장 효과가 있는 것은 경청이다. 그런데도 경청이 어려운 것은 서로의 대화 속에 감정이 앞서기 때문이다. 성향으로도 인내심을 요구하는 항목이다. 토론에서 경청이 필요한 이유는 반대편 논리의 허점을 찾아내고 반박할 기회를 엿볼 수 있기 때문이고 대응할 수 있는 시간을 확보할 수 있기 때문이다.

세 번째, 질문에서 답을 찾도록 해야 한다. 토론에서는 논리적으로 오류가 발생하였다고 해도 상대는 그 오류를 쉽게 인정하지 않는다. 오류에 대해 반박한다고 해서 토론을 잘하는 것이 아니다. 상대가 자신들의 말에 대해 고민하고 검증해야만 하는 질문이 더 효과가 있다.

마지막으로 네 번째는 토론으로 승부를 내지 않는다. 이기고 지고의 문제로 결론을 내지 말아야 한다. 토론의 결과는 지켜보는 사람의 선택이다. 감정적으로 격해지고 마지막을 어정쩡하게 끝내는 토론회를 본 적이 있지 않은가? 결국 감정의 표현만이 기억에 남는다. 절대 옳지 않은 토론이다.

목소리가 큰 사람, 장황하게 말하는 사람, 논리적이지만 근거가 부족한 사람, 자신의 입장만을 고집하는 사람들과 토론을 해야 하는 상황이라면 이 네 가지의 기술만 가지고도 충분히 자신의 발언권에 힘을 얻을 수 있다. 그렇게 하려면 토론을 위한 철저한 준비가 필요하다. 논제에 적합한 자료에서 명확한 근거를 찾아야 하고 사실관계를 충분히 검증해야 한다. 나머지는 연습을 통해 얻을 수 있는 기술적인 부분이다.

가족을 위한 말하기

부부_일단 말하자

워라밸, 52시간 근무제, 코로나로 인한 재택근무 등 일하는 환경이 변하면서 가족들과 보내는 시간이 길어졌다. 코로나로 인해서 재택근무와 외출 자제 등 함께 보내는 시간이 늘어나면서 미국은 '코로나 이혼'이라는 신조어가 생기기도 했다. 부부가 함께 보내는 시간이 많아지면서 갈등도 늘어난다고 볼 수 있다. 결국 일한다는 이유로 가정에 소홀하고 대화를 별로 하지 않았던 경우 어쩔 수 없이 가정에서 시간을 보내면서 갈등이 심화하기 때문이다. 특히, 부부간의 대화는 처음부터 잘할 필요가 있다.

보통 아내들이 많이 속상해하고 상처받는 경우가 남편이 기념일을 제대로 챙겨주지 않을 때다. 그런데 가만히 살펴보면 그런 부부의 경우 부인은 말하지 않아도 남편이 챙겨주기를 바라는 경우가 대부분이다. 말하지 않아도 챙겨주는 남편은 굉장히 드물다. 그러니 처음부터 챙기는 법을 가르

쳐주어야 한다. 내 남편도 워낙 무뚝뚝한 성격에 밸런타인데이, 화이트데이 이런 건 상업적으로 만든 거라며 무시하는 스타일이었다. 그래서 결혼 초 밸런타인데이가 되었을 때 일부러 직접 포장한 초콜릿을 들고 남편이 직장동료들과 술을 마시고 있던 자리로 갔다. 직장동료들 앞에서 선물했더니 동료들이 축하해주기도 하고 부러워하기도 했었나 보다. 그리고 달력에 화이트데이를 빨간 동그라미를 해놓고 남편한테 며칠 전부터 계속 강조하면서 말했다. 어쩌겠는가, 결국 화이트데이에 커다란 사탕과 초콜릿 바구니를 들고 집으로 온 거다. 그렇게 남편은 기념일에 당연히 나에게 선물을 해야 하는 거로 길들여졌다. 도리어 지금은 내가 가끔 까먹어서 남편이 서운해하기도 한다.

이미 결혼한 지 수년이 흘렀고 이제는 그렇게 할 수 없다고 말할 수 있다. 맞다. 나이 들어서 새롭게 시작하기는 어려운 일이다. 하지만 이미 50대가 되어버린 지금 가정을 포기할 생각이 없다면 지금부터라도 대화의 방법을 바꾸자. 남녀의 다름이 꾸준하게 책으로 나올 정도로 남자와 여자는 다르다. 다르기 때문에 함께 살아갈 수 있고, 다르기 때문에 결국 헤어지기도 한다. 아무리 이혼이 보편화하고 돌싱, 졸혼 등이 유행한다고 해도 이왕이면 함께 가정을 유지하면서 나이가 들어갈 수 있다면 좋지 않은가. 그러기 위해서는 노력이 필요하다.

자녀_대화의 소재를 만들자

어릴 때부터 아들은 자기 마음에 들지 않는 옷은 입지 않았었다. 어린아이가 얼마나 고집이 세던지 내 뜻대로 입힐 수가 없었다. 그래서 어느 순간부터 함께 쇼핑하기 시작했다. 쇼핑 스타일은 나를 닮아서 마음에 든다는 생각이 들면 바로 결정하는 편이다. 굳이 이곳저곳 다니면서 시간을 많이 보내지 않는다. 서로 그런 부분이 맞으니까 함께 쇼핑하는 게 어느 순간 익숙해지면서 아들임에도 불구하고 대화도 많이 하고 같이 시간을 많이 보내는 편이다.

한 번은 아들 옷을 사러 간 김에 내 옷도 보고 있었는데 점원이 아들에게 "엄마랑 얘기를 많이 하네요? 전 안 그런데"라고 말을 걸었다. 본인도 남자라서 그런 아들이 좀 신기했던 모양이었다. "전 원래 엄마랑 얘기 많이 해요. 집에서도 밖에서도." 대답하는 아들과 눈이 마주치며 함께 웃었던 기억이 난다. 외아들이라서 그런지 딸 역할도 하는 편이다. 다정하고 얘기도 많이 하고. 게다가 아들과 내가 취향도 비슷하고 공통 관심사가 좀 많기 때문에 그럴 수도 있다.

처음부터 그렇지는 않았다. 어릴 때는 애가 많이 보는 애니메이션을 같이 보면서 내용에 대해 질문도 하고 주인공 얘기도 하면서 관심 코드를 맞춰주었다. 물론 부모의 욕심도 있어서 책도 읽어주려고 하고 읽으라고 강요도 했었는데, 책 읽기를 좋아하지 않아서 계속 갈등이 생기곤 했다. 그래서 고민하다가 판타지 소설을 아들에게 권하기 시작했다. 좋아하는 게임을 소재로 한 소설부터 말이다. 그러자 한 권 두 권 읽기 시작하더니 나중엔 도서대여점에 등록해서 읽기 시작했다. 남편은 그런 소설을 읽냐며 핀잔을 주기도 했지만 난 워낙 소설도 좋아했고 내가 권했기 때문에 서로 소설에 대한 얘기, 작가에 대한 얘기, 소설 속 세계관에 대한 얘기를 많이 나누었다. 결국 공통 관심사를 만들어 내는 데 성공했다고 볼 수 있다. 대화의 통로가 생기면 그 외에도 자연스럽게 이것저것 얘기를 나누게 된다. 그래서 지금은 다른 모자지간보다는 많이 대화하는 편이라고 생각한다.

원래 대화는 하면 할수록 더 많이 하게 된다. 생전 얘기하지도 않았던 사람들이 대화하려면 서로의 관심사도 잘 모르기 때문에 어떻게 말을 꺼내야 할지 어색한 시간만 흐르게 된다. 하지만 항상 하던 사람들은 워낙 대화거리가 많아서 끊임없이 화제를 바꿔가면서도 대화를 하게 된다. 단적인 예를 들면, 전화로 실컷 수다를 하고 끊을 때 "그럼 만나서 얘기하자"라고 하는 대부분의 여자를 생각하면 쉽게 공감이 될 것이다.

요즘 젊은 아빠들은 안 그러지만 지금 라떼, 꼰대라고 불리는 50대 아버지는 가정적이라고 볼 수 있는 사람이 많지는 않다. 아이가 커가는 3~40대에 한창 일할 나이였고 바깥일로 바쁘다는 핑계로 자녀와 대화는 거의 해보지 않은 사람들이 훨씬 많을 거다. 그런데 이제는 시간이 된다는 이유로 막상 대화하고 싶어도 어떤 얘기를 어떻게 꺼내야 하는지도 모르고 결국 꺼내는 말이 잔소리가 되어버리는 그래서 결국 대화를 더 하지 않게 되는 악순환이 되어버린다.

제일 좋은 방법은 처음부터 관심을 가지고 대화를 하는 거지만 이미 시간은 흘렀고 지금부터라도 사랑하는 자녀와 잘 지내고 싶다면 부모가 노력하는 수밖에 없다. 부모가 자녀를 사랑하는 만큼 자녀도 자신의 부모를 사랑한다. 가까워지려고 노력하는 부모가 때로는 귀찮을 수 있지만 싫어하지는 않는다. 그러니 물어보자. 지금 너의 관심사가 무엇인지, 어떤 걸 좋아하는지 지금 뭐가 제일 하고 싶은지 등등. 그러면 대답해줄 것이다. 이때 잘 들어야 한다. 대답이 마음에 들지 않거나 철이 없다고 느껴도 충분히 들어주고 눈높이에 맞춰서 대답을 해줘야 한다. 그러면서 부모의 생각이나 자녀에게 원하는 바람을 얘기해야 자녀들도 조금은 귀를 기울인다. 그러면 조금씩 가까워질 수 있다.

말하지 않아도 내 마음을 알아줄 것이라는 착각은 하지 말자. 우리는 텔레파시를 하는 초능력자들이 아니다. 어색하고 익숙하지 않아도 자주 말하고 표현해야 관계가 형성되고 발전할 수 있다.

칭찬과 꾸짖음

사람들은 두 부류가 있다. 칭찬을 들으면 더 듣고 싶어서 더 열심히 잘하는 사람과 꾸짖음을 들어야 자극을 받아서 잘하는 사람. 완전히 극단적이라는 얘기는 아니지만, 확률적으로 칭찬에 더 움직이는 사람이 있고 꾸짖음에 더 움직이는 사람이 있다는 얘기이다. 나는 칭찬에 움직이는 편이다. 그래서 교사로서 학생들을 가르칠 때도 그랬고 직장에서 후배를 대할 때도 내 아이에게도 꾸짖음 보다는 칭찬을 많이 하려고 노력했다. 그러면서 아무리 칭찬이 좋다고는 해도 때로는 뼈를 때리는 꾸짖음이 더 성장시킬 수 있다는 사실 또한 깨달았다. 하지만 그러기 위해서는 받아들이는 사람의 성숙도에 맞게 꾸짖을 수 있어야 한다.

특히, 비교를 통한 꾸짖음은 좋지 않다. 부모의 마음은 다 똑같다. 내 아이가 공부도 잘했으면 좋겠고, 착했으면 좋겠고 사회적으로도 성공했으면 좋겠다. 하지만 다 잘할 수는 없다. 나도 내 부모에게 어떤 자녀였는지 생각해보면 그런 생각이 욕심이라는 걸 인정하게 된다. 꾸짖을 때는 절대적인 기준에서 꾸짖어야 한다. 예를 들어서 거짓말을 했거나 친구를 괴롭힌다는 등 누가 봐도 잘못한 행동에 대해서 꾸짖어야 한다. 그 순간의 감정이 섞인 화를 내거나 짜증을 내는 건 도움이 안 된다.

어릴 때 애가 "엄마, 시험을 못 본 게 죄는 아니잖아요."라고 한 적이 있었다. 그 말을 듣는 순간 할 말이 없었다. 그렇다. 시험을 못 본건 죄가 아니다. 그저 속상하고 기분이 나쁠 뿐이다. 그런데 그런 내 속상함과 기분 나쁜 마음을 담아서 마치 큰 잘못을 한 것처럼 혼내는 건 아니라는 생각이 들었다. 그 순간 난 아이가 공부를 잘할 것이라는 기대를 버렸다. 역시나 우리 아들은 공부가 아닌 운동으로 대학을 갔다. 공부보다는 운동할 때 행복하고 운동은 더 잘하기 위해서 누가 시키지 않아도 연습하고 싶고 잘하고 싶고 그런 마음이 들었나 보다. 그다음부터는 운동을 포기하지 않고 끊임없이 하는 모습에 칭찬해주기 시작했다.

사람마다 성격과 취향이 다르듯이 좋아하고 잘하는 것이 다를 수 있다. 칭찬과 꾸짖기를 하는 이유는 제대로 성장해서 한 사람의 몫을 충분히 하면서 살아가기를 원하기 때문이 아닐까? 내 기분에 의한 칭찬과 꾸짖음이 아닌 자녀의 성장을 위한 칭찬과 꾸짖음을 하자. 내 아이들의 미래를 응원하는 마음으로 말이다.

따뜻하고 상냥한 목소리

가끔 주변에서 하는 전화 통화를 들어보면 재미있는 점을 찾을 수 있다. 자녀와 통화할 때의 목소리와 배우자와 통화할 때의 목소리가 다르다. 때로는 큰애와 통화할 때랑 막내와 통화할 때 목소리가 다를 때도 많다. 애정의 정도가 다른 것인지 아니면 표현의 정도가 다른 것인지는 잘 모르겠지만 주변을 잘 관찰해보면 이런 공통점을 발견할 수 있다. 나도 그렇다. 내 아이와 통화할 때와 남편과 통화할 때 목소리가 다르다. 아마도 애정과 표현의 차이 둘 다 있다고 생각된다.

한 번은 직장에서 엄마와 전화 통화를 하고 끊었는데 주변 동료들이 "방금 엄마랑 통화한 거야?", "아니, 어떻게 그렇게 상냥하게 통화해?", "진짜 엄마랑 통화한 거 맞아?" 하면서 말하는 거였다. 그래서 도리어 내가 "엄마랑 통화할 때 이렇게 안 해? 싸우듯이 얘기하나?"라면서 도리어 반문했던 적이 있다.

사실 엄마가 유난히 상냥하시긴 하다. 화를 내신 기억이 거의 없다. 물론, 부부싸움도 하시고 잔소리도 없지 않으셨지만 그래도 대부분 웃으면서 상냥하게 말씀을 하신다. 지금도 여전히 우리 딸, 우리 딸, 하시면서 사랑한다, 예쁘다고 말씀해 주신다. 그래서 나도 상냥하게 대하려고 많이 노력한다. 아니, 사실 그렇게까지 노력하지 않아도 엄마의 상냥함에 나도 상냥함으로 대하게 된다. 그러니 우리 모녀의 대화가 오글거리게 느껴졌을 수도 있다.

난 어릴 때 짜증이 매우 많은 아이였다. 그 짜증을 우리 엄마는 다 받아 주셨었다. 엄마니까 당연하다고 말하고 싶지만 내가 엄마가 된 지금 그때의 나를 생각하면 엄마에게 너무 죄송하고 고맙다. 왜 부모들이 꼭 너 같은 자식을 낳아보라 하는 말씀을 하시는지 이해가 된다. 어느 날 엄마가 짜증을 부리는 내 말버릇을 지적하셨고 그때 나는 나를 돌이켜볼 수 있었다. 그날 이후 그런 습관을 고치기 위해서 노력을 했고 그 덕에 어느 정도는 고쳐졌다. 그런데 완전히 고쳐진 건 내 자식을 낳은 후였다. 그제야 부모의 마음을 온전히 알게 되었기 때문이다.

그래서 내 부모님께도 그리고 내 자식에게도 상냥하게 말하기 위해서 항상 노력한다. 내 상냥함이 상대방의 마음을 편안하게 하고 대화도 수월하게 하며 웃음을 유도할 수 있기 때문이다.

단순하고 쉽게 말하기가 더 힘들다

가끔 인생 영화가 무엇인가, 인생 드라마가 무엇인가 질문을 받을 때가 있다. 그럴 때 한두 개 정도는 얘기해주는데 재미있게도 영화는 내용이나 장면으로 기억되지만, 드라마는 대사 한두 개로도 기억될 때가 있다. 명대사로 기억되는 드라마, 아마도 누구나 한두 개 정도는 있을 것이다. 어쩌면 한동안 그 대사가 패러디되면서 끊임없이 회자하기 때문에 더 기억되는지도 모르겠다. 몇 년 전 드라마작가에게 질문을 할 수 있는 기회가 생겨서 그런 대사는 어떻게 쓸 수 있는지 질문을 한 적이 있었다. 정말 오랜 시간 어떤 대사를 써야 하는지 고민한다고 했다. 생각해보면 당연하다. 우연히 쉽게 나오는 대사가 명대사로 길이 남을 리 없다. 진지하고 아픈 고민의 시간이 있었기 때문에 우리 기억 속에 남는 명대사로 자리 잡을 수 있지 않았을까?

강의도 마찬가지이다. 어떻게 하면 잘 전달할 수 있을지 끊임없이 고민한다. 새로운 지식이나 전문적인 정보를 그대로 전달하면 대부분의 사람은 그 내용을 제대로 이해하지 못한다. 왜냐하면 자신이 이미 가진 지식이나 정보를 토대로 상상할 수 있는 범위 안에서 이해하는데 그 보다 상위의 개념을 얘기하면 상상할 수 없기 때문에 이해하지 못한다. 예를 들어서 이미 사칙연산을 다 알고 있는 학생들에게 제곱의 개념을 이해시킬 수는 있지만 더하기 빼기도 모르는 아이에게 제곱의 개념을 이해시키기 어려운 것과 같다.

그래서 강사는 쉽고 단순하게, 그러면서도 기억에 남을 수 있게 전달하기 위해서 계속 생각하고 고민해야 한다. 왜냐하면 지식을 잘 전달하는 가장 좋은 방법은 쉽게 전달하는 것이기 때문이다. 하지만 이것만큼 어려운 일이 또 없다. 상대방이 이해할 수 있도록 쉽고 단순하게 전달하면서도 진부하지 않아야 하기 때문이다. 쉽게 전달하기 위해서는 먼저 청중의 특성을 징확하게 파악해야 한다. 청중의 특성에 따라서 사용하는 단어도 다르게 써야 하고 예시로 쓰는 자료도 구분해야 하기 때문이다. 예를 들어서 부동산이나 금리에 대해 강의를 할 때 50대 전후의 청중이라면 8~90년대의 사례를 들어도 충분히 이해하고 공감을 하겠지만 20대라면 옳지 않은 예시가 된다. 도리어 20대에게는 주식과 해외시장에 대한 투자 등이 훨씬 설득력 있는 예시가 된다.

그리고 강의 주제를 쉽고 단순하게 전달하기 위해서 강사는 주제를 한 문장으로 정리할 줄 알아야 한다. 이 한 문장을 청중에게 확실하게 전달한다면 청중들은 강의를 통해서 무언가 하나를 배웠다는 만족감을 느끼게 되므로 성공적인 강의라고 할 수 있다. 단, 식상하거나 진부하다고 느끼지 않을 문장이어야 한다. 결국 이때 1시간 정도의 강의 내용을 마치 30초 광고의 문구 하나로 기억시키는 창의력이 필요하다. 예를 들어서 새로운 상품의 기능 및 정보에 대해 소개를 한다고 하자. 그 상품이 기존 상품보다 조작이 쉽고, 품질은 높아졌으며 기능도 더 다양해졌다면, 설명하고 난 후 그 상품을 '이거다(易高多)'로 정리해보자. 이렇게 한 문장으로 정리해 준다면 그 상품을 마케팅하는데 있어서 방향성도 생기고 그 제품의 특징을 확실하게 청중에게 인식시킬 수 있다.

그다음에는 이 한 문장의 결론으로 가기 위한 근거나 정보를 제시하면 된다. 이왕이면 일상에서 흔히 볼 수 있는 예시나 그 당시 유행하는 용어 등을 활용한 비유를 통해서 설명하면 좋다. 그리고 먼저 몇 가지를 설명할 것인지 숫자를 미리 제시하는 방법도 활용하라. 예를 들어서 '이 상품의 특징은 크게 3가지로 구분할 수 있습니다.' 이렇게 미리 숫자를 제시하면 청중도 그 숫자에 맞게 마음의 준비를 한다.

설명은 짧고 단순할수록 좋다. 말이 길어지면 주절주절 중언부언하게 된다. 결코 긴 설명은 좋지 않다. 잘 전달하고 싶다고 비슷한 내용을 바꿔 말하면서 길게 강의하는 것보다는 같은 문장이나 단어를 반복하는 것이 훨씬 쉽게 잘 전달할 수 있다. 긴 문장도 이해하면서 읽기 어려운데, 말은 더 그렇다. 짧고 단순하게, 하지만 진부하지 않게 특색 있는 표현으로 쉽게 설명하되 남들과의 차별성이 있어야 특별한 강의가 될 수 있다.

말을 잘하려면 머리도 훈련해야 한다

어떤 사람들은 초, 중, 고 12년간의 긴 교육이 그저 대학을 가기만을 위한 시간이라고 폄하하기도 한다. 글은 읽고 쓸 줄 알기만 하면 되고 수학은 사칙연산만 할 줄 알면 된다고 말이다. 정말 그런가? 돌이켜보면 그때 배운 내용이 삶에 영향을 주고 있다는 사실을 부인할 수 없다. 직장생활을 할 때도 살림을 할 때도 취미생활에서도 종류와 정도는 다르지만 알게모르게 학창 시절에 배운 내용을 활용하고 있다. 말할 때도 마찬가지이다. 마치 숨 쉬는 것처럼 일상적으로 하므로 말하기에 특별한 지식이나 기술이 필요 없다고 생각 할 수 있지만 얼마나 활용을 잘하는가에 따라서 말을 잘하기도 하고 못 하기도 한다.

예전에 작가, 정치인, 과학자, 건축가 등으로 이루어진 각 분야의 전문가 몇 명이 진행하는 예능프로그램이 있었다. 이곳저곳을 여행하면서 각자의 관점에 따라 여러 가지 이야기를 하는데 아무리 각 분야에서의 전문가라고는 하지만 말도 참 잘한다고 생각하면서 봤던 기억이 있다. 전문가라서 머릿속에 든 지식도 많을 테니 말도 잘하는 게 당연하다고 간단하게 생각할 수도 있지만, 머릿속에 든 것이 많다고 해서 말을 잘 하지는 않는다. 특히, 교사나 강사의 세계는 더 그렇다. 지식이 많은 사람이 더 잘 가르치는 것은 아니다. 도리어 평범한 사람이 더 잘 가르치는 경우를 많이 봤다. 아는 것과 아는 것을 잘 전달하는 것은 별개의 문제이다. 결국, 상대방이 잘 알아들을 수 있도록 쉽게 단순하게 설명하고 표현하는 능력이 있는 사람이 말을 잘하는 사람으로 대접받는다.

쉽게 알아들을 수 있도록 하는 방법은 우리가 학창 시절에 이미 다 배워왔던 내용이다. 주제를 표현하는 방법, 연역법과 귀납법 혹은 수미쌍관 등 시험을 보기 위해서 배웠던 글의 주제를 파악하거나 글을 쓰기 위한 방법이 사실은 말하기에도 활용이 되는 방법이다. 내가 말하고자 하는 주제를 먼저 내세우고 그것에 관해 설명할 것인지, 아니면 사례나 내용을 죽 늘어놓고 나서 주제를 말할 것인지 그때그때 상황에 맞게 말하기 위해서는 미리 훈련되어 있어야 한다.

일상적인 말이 아닌 말을 직업으로 하는 사람들을 보면 가끔 감탄스러울 때가 많다. 방송도 예능에서 말을 잘하는 것과 뉴스 아나운서로서 말을 잘하는 것은 또 다르다. 전문적인 지식을 토대로 토론을 하는 것과 리포터나 MC로서 말을 하는 것 또한 다르다. 결국 때와 장소, 상황에 맞는 말을 하기 위해서 따로 준비하고 훈련해야 잘한다고 인정받을 수 있다.

그렇게 하기 위해서 항상 해야 하는 일은 독서이다. 관련되는 많은 자료를 찾고 읽고 변화되는 사회와 대상에 맞게 지속해서 업데이트 할 수 있도록 끊임없이 독서를 해야 한다. 굳이 책이 아니어도 좋다. 주제에 따라서 뉴스나 시사성 정보가 더 필요할 수도 있다. 어떤 경우는 논문이나 해외 사이트의 정보가 필요할 수도 있다. 결국, 끊임없이 배우고 공부를 하는 태도로 머리를 훈련해야 말을 잘 할 수 있다.

Part 3.
삶의 절반에 꼰대가 얻은 소소한 지혜들

너그러운 꼰대가 되고 싶다

나이를 먹었다는 소리가 좋은 말은 아닌 듯하다. 왠지 나이 먹었다는 말에 기분 나쁘니 말이다. 요즘은 중년의 전성시대처럼 예능프로그램은 전부 4, 50대가 점령하고 있다. '라떼'라는 말이나 '꼰대'라는 말로 중년을 표현하니 그 또한 한 시대의 흐름이 아닐까? 물론 좋은 의미에서 나온 말들은 아니지만, 관심을 받는 중심에 서 있는 세대인 것은 분명하다.

40세를 불혹, 50세를 지천명이라 한다. 불혹은 주위 환경에 흔들리지 않음을 지천명은 하늘의 명을 이해하는 나이를 의미한다고 하지만 과연 그런 잣대를 댈 수 있을 정도로 삶을 살아왔는지를 돌이켜 보면 나는 그렇지 않은 듯하다. 각박한 삶이 내 자신을 이렇게 만들었는지 모르겠지만 아직도 불혹과 지천명이라는 소리를 듣기에는 부족함이 너무 많다. 가장 큰 이유는 문득 '너그러움이 없기 때문은 아닐까?' 하는 생각이 든다.

지금의 4, 50대는 은퇴 세대 끝자락을 잡고 있고 개념 차이가 크게 나는

8, 90년대생들을 이끌어야 하는 6, 70년대에 태어난 소위 낀세대다. 은퇴세대의 라떼 이야기를 쉼 없이 들어야 했지만, 후배들에게는 라떼 이야기를 편히 할 수 없는 불쌍한 존재들이다. 사회적으로도 문화적으로도 경제성장기의 마지막을 지켜왔기에 후배들에게 받는 질투도 조심스럽기 조차하다. 여유를 찾고 너그러움을 갖기에는 달려가는 과정이 그리 녹록지 않다.

너그러움은 쉽게 생기는 마음가짐이 아니다. 가진 자의 생색내기 포용력은 더더욱 아니다. 세상 사는 이치가 보여야 가질 수 있는 마음가짐이다. 20대나 30대도 지천명 소리를 들을 수 있는 사람이라면 당연히 그렇게 대우해야 한다. 젊지만 그런 너그러움이 있고 안정감이 있는 사람들을 본 적이 없는가? 최소한 주변에서 한둘은 보인다. 그런 젊음이 폭발적인 열정을 보이는 이들보다 어쩌면 더 부러운 존재들이다.

남을 위한 너그러움도 중요하지만, 자신에게 너그러울 수 있는 것두 매우 중요하다. 단 하루도 쉬지 않고 자신을 채찍질하고 담금질하면서 정신 못 차리게 달려오지 않았는가? 우리의 삶이 그랬으니까 당연히 받아들이겠지 하고 생각하지 말자. 자신에게도 너그러울 수 있어야 한다. 가끔은 쉬게 해주고 상도 주고 독려도 해줘야 한다. 움직일 수 있는 모든 몸과 마음을 지금까지 일하는데 써버리지 않았는지 걱정이다. 이미 번아웃(Burnout)되어 있는지도 모른다. 자신을 지키기 위해서라도 자신에게 너그러워지자.

세상 사는 데는 너그러운 마음이 배려를 찾게 하고 함께하는 어울림을 만들어 낼 수 있다는 것이 이제야 어렴풋이 보인다. 여유가 갖는 여백의 의미가 너그러움인데 이제야 조금의 여유를 갖는다. 너무 늦지는 않았는지 걱정되고 지나온 시간이 후회도 되지만 앞으로 살아나갈 시간을 생각하면 지금이라도 알게 된 것이 정말 고맙고 감사하다. 살아온 시간 동안의 노력이 토양이 되고 땀의 결실이 씨앗이 되어 앞으로의 삶을 살아간다면 부끄럽지 않은 삶이 될 것이다.

라떼, 꼰대 소리를 들어도 오늘 왠지 마음이 너그러워진다.

비가 좋은 추억, 비가 싫은 기억

올해도 어김없이 찾아오는 장마. 난 비가 좋다. 아니, 시원하게 쏟아지는 장맛비가 좋다. 비 오는 모습을 쳐다보면 모든 것들이 비에 씻겨져 깨끗해지는 것 같다. 그냥 그 느낌이 좋다. 그런데 비 때문에 겪은 추억하고 싶은 일과 기억하기 싫은 일, 두 가지의 모습으로 다가온다. 추억이라고 하면 왠지 좋은 느낌이고 기억이라고 하면 그렇지 않은 느낌이다.

비가 심하게 오는 날 새벽, 고속도로에서 겪었던 한 번의 교통사고는 트라우마처럼 아직도 기억 속에 남아있다. 수막현상으로 차가 돌았고 차 사이를 통과하면서 도로 외벽에 충돌했다. 천운이었다. 다른 차와 접촉도 없이 내 차만 파손되었고 큰 부상 없이 살 수 있었으니 감사할 따름이다. 20여 년이 흐른 지금도 그 장소를 지나가면 그때 그 장면이 생생하다. 여러 장의 사진처럼 순간순간의 장면이 또렷이 기억나고 그 느낌이 실제처럼 느껴진다. 기억하고 싶지 않지만 남아있는 기억은 내 의지와는 상관없이 그 시간, 그 장소로 여지없이 나를 데려간다.

바닷가에 가면 많은 추억거리가 있다. 여기저기 어릴 때 남겨놓은 일기장이 백사장 여러 곳에 펼쳐져 있는 것 같아서 너무 기분이 좋다. 몇십 년이 흘렀는데도 그곳에 갈 때마다 항상 그렇다. 한여름 온몸이 햇빛에 새까맣게 그을려도 좋았다. 잠을 잘 수 없을 정도로 화끈거리고 따끔거려도 내 추억은 그 자리에 남아있다. 고향을 떠난 이후, 그 자리를 다시 찾을 때는 항상 그 추억을 얘기할 사람이 옆에 있었다. 그 또한 새로운 추억으로 자리 잡는다.

비가 몹시 심하게 내리던 겨울 어느 날, 도시 생활에 지치고 향수병이 솟나 일이고 뭐고 다 내 팽개쳐 버리고 고향으로 떠났다. 비 오는 겨울 바다, 말로는 참 멋있다. 그런데 실제로는 스산하다. 그래도 빗소리와 파도 소리의 어울림은 꽤 괜찮다. 잠시 찬 바람을 막을 카페를 찾았는데 10여 년을 못 만났던 친구를 만났다. 카페 사장님과 인연이 있어 잠시 일을 도와주러 왔다고 한다. 함께 간 친구는 뒤로하고 어릴 적 그 친구와 옛날 얘기로 두어 시간을 보냈다. 그 이후로는 그 친구를 한 번도 못 만났지만, 그 순간도 추억이다.

우리에게는 하기 싫은 기억과 기분 좋은 기억이 있다. 그런데 하기 싫은 기억은 특별히 왜곡되는 것도 없이 정확한 기억을 떠올리게 하고 좋은 기억은 추억이라는 탈을 쓰고 상황과 장면이 왜곡되는 것조차도 너그럽게 받아들이게 한다. 나만 그럴 수도 있다. 모든 사람이 다 그렇지는 않을 것이다. 살아있는 동안, 치매가 오지 않는 한은 이런 기억들이 떠오르겠지만 떠올리고 싶지 않은 기억은 그 부분만 지울 수 있으면 좋겠다.

'비가 내리고 음악이 흐르면…'

노래 가사처럼 지금 밖에 비가 내리니 노래를 틀어본다. 세상 속에 혼자 있는 기분이다. 간만에 느껴보는 기분 좋은 외로움이다. 멍하니 비를 쳐다보니 자연스럽게 떠오르는 옛 기억들, 그것들이 기억보다는 추억들이면 더 좋겠다.

자신에게 상처주는 도덕이라는 기준

착하게 살아야 한다는 말은 수없이 들었다. 착하다는 기준이 뭔지도 몰랐다. 그냥 착하게 살아야만 했다. 그게 맞는 말이니까 지금까지도 착하게 살고 있다고 생각한다. 남들은 나보다 착하지 않나? 당연히 남들도 착하게 산다. 우리는 모두 최소한 그런 교육을 받고 자라왔고 지금을 살고 있다. 그런데 착하다는 기준은 과연 무엇일까? '법 없이 살 수 있는 사람'이라고 하면서 착한 사람을 지칭하기도 했다. 그럼 법만 잘 지키면 착한 사람인가?

'난 지금까지 바보같이 살아온 건 아닌가?'

요즘들어 많이 하는 고민이다. 법 없이도 살 수 있다고 생각했지만, 각종 고지서를 살펴보고 있으니 웬 과태료 통지서가 보인다. 과속이다. 법을 위반한 사람이 되었다. 물론 한두 번 아니다. 20년을 훨씬 넘게 운전했는데 당연하다. 그래서 착한 사람은 아니다. 불법 좌회전은 밥 먹듯이 한다. 생각해보니 정말 나쁜 놈이다.

그런데 직원들을 대상으로 강의를 할 때, 가장 많이 듣는 소리가 도덕선생님 같다는 말이다. 도덕이란 과목은 착하게 사는 법을 알려준다. 나는 법을 위반하는 사람인데 최소한 그들 눈에는 내가 그렇게 보이는가 보다. 그래서 나름 나 자신을 착하게 사는 사람이라고 위안하고 있는지도 모르겠다.

나는 착하다는 개념을 남에게 해를 끼치지 않고 남의 마음에 상처를 주지 않는 것으로 생각한다. 그 기준에서 조금이라도 벗어나면 미안해하고 사과를 하는 것이 바르다고 여긴다. 착하다는 최소한의 기준이라고 생각한다. 그런데 그 기준도 지금은 가끔 흔들린다. 나처럼 사는 게 바보 같다는 생각이 든다. 대립하는 상황이 생기면 항상 물러서고 배려하고, 손해를 보더라도 마찰을 일으키고 싶지 않다. 회피하고 참는 것이 옳다고 생각하기 때문이다.

그런데 그렇게 살다 보니 자존감이 떨어진다. 모든 상황에서 그런 태도를 취하게 되니 나름 심각하게 고민이 된다. 아내마저 나와 같은 기준을 가지고 있는 사람이니 가끔은 비슷한 경험을 서로 얘기하면서 남 탓을 하게 된다. 나이를 먹을수록 더 심하게 느낀다. 내가 가진 이 기준과 언행은 평생 습관으로 굳어져 있으니 바꾸기가 쉽지 않다. 아마도 바뀌지 않을 듯하다.

그런데 이젠 이런 기준을 누군가에게 강요하고 반드시 지키라고 하고 싶지 않다. 설령 그게 내 자식이라고 해도 자존감까지 버려가면서 착할 필요는 없다고 말하고 싶다. 기준만 조금 바뀌면 미안할 일도 사과할 일도 없다. 예전의 도덕적인 기준으로 지금을 산다는 것이 마음의 상처가 될 수 있다. 그 기준을 조금이라도 바꾸면 차라리 상대의 입장을 더 잘 이해할 수 있을 거 같다. 그러면 나도 상처받을 일도 없을 것 같다.

내가 받을 상처를 감수하면서까지 착하게 살기 위해 애쓰지 말자. 잘 못한 일이라면 당연히 그렇겠지만 착하기 위한 기준 때문에 그렇다면 차라리 기준을 바꾸자. 자존감을 무너뜨리면서까지 지켜야 하는 기준은 적합하지 않다. 지금의 세상에는 그러는 것이 맞다.

살 뺀다고 배운다는 운동이 고작 골프야

보험회사 지점장 생활은 팔방미인이 되어야 가능하다. 그만큼 조금이라도 부족한 부분이 있으면 받아야 하는 스트레스가 생각보다 크다. 물론 영업과 관련되어 그렇다. 고객들과의 관계를 위해서는 술도 마셔야 하고 골프, 당구도 쳐야 한다. 심지어 화투장도 잡을 줄 알아야 한다. 그러니 팔방미인이 아닐 수 없다. 대부분 지점장이 신변잡기에 강한 이유다.

직장생활을 하면서 골프를 친다는 것은 예전 같아서는 쉽지 않은 일이었지만 지금은 많이 대중화가 되었다. 당구장을 찾아가던 직장인들이 스크린골프를 치러 가는 모양새를 보면 기술의 발달이 골프에도 많은 영향을 끼친 것 같다.

골프에 대해 그리 접할 기회가 없었고 워낙 비용의 면에서 부담된다고 전해 듣다 보니 아예 배우려고 하지 않았는데, 막상 지점장 생활을 하면서 여기저기서 그 필요성을 강조하며 강요하기 시작했다. 더 피할 수 있는 상황이 아니었다. 모이기만 하면 골프 얘기뿐이고 더 이상의 거부는 소외될 수 있는 약점으로 보일 수 있어 시작은 해야 했다.

내가 골프를 배운다는 소문이 나자 여기저기서 훈수 드는 말들을 쏟아내기 시작했다. 이렇게 해라, 저렇게 해라, 골프 배우는데 그렇게 많은 말을 듣는 것이 더 신기했다. 무슨 운동이든 처음 배울 때 자세가 가장 중요하다고 생각하는 사람이라 다른 말은 듣지 않고 코치가 알려준 대로의 자세만 잡기 위해 시간을 보냈다. 이게 생각보다 힘든 자세였고 평소에 전혀 쓰지 않던 근육을 써야 하고 한 방향으로만 자세를 잡아야 하는 운동이라 나름 땀도 흘릴 수 있었다.

"나 요즘 골프 배워. 살 좀 빼야겠다"

평소에 아내에게 골프에 대해 좋지 않은 말을 하던 차에 말하기 뭐 해서 살 뺀다고 말하면서 화두를 던졌다. 아내는 무심하게

"운동도 못 하는 데 골프라도 치면서 운동하면 되겠네. 근데 골프가 운동이 된데?"

"한 번 해보니까 운동 되더라고"

"그럼 계속해봐요"

대화는 싱겁게 끝났지만, 골프를 배운다는 것이 영 탐탁하지는 않았다. 내가 골프에 매달리지 않았던 가장 큰 이유는 중독성 때문이었다. 내가 나의 성향을 봐서 뭔가에 빠져들면 반드시 끝을 보는 경향이라 중독성 있는 골프에 빠지면 정신 못 차릴 것 같아 미리 멀리한 이유이기도 했다. 정확히 2주 동안이었다. 마지막 풀스윙을 배운 다음 날 회사에는 대대적인 구

조조정이 있었고 다른 지점과의 합병으로 정신없이 시간을 보내기 시작했기 때문에 더 배울 수 없었다. 아니 정확히 말하면 골프를 그만둘 좋은 기회가 생겨 그만두게 된 것이다.

골프는 다른 운동과는 다르게 접대라는 말이 간혹 쓰인다. 중요한 고객을 만나거나 회사에서 윗사람과의 관계를 돈독히 하기 위해서 서로 어울리니 접대라는 말이 쓰일 수도 있다. 정치인이나 대기업의 임원들이 골프 때문에 곤욕을 치르는 모습도 그런 이유 때문일 수 있다. 그래서 더 피하고 싶은 운동은 아닐까 싶다.

하지만 골프는 말 그대로 운동이다. 운동만의 이유로는 나쁘지 않다. 정말 미친 듯이 휘둘러보니 땀이 줄줄 나고 근육이 파르르 떨릴 정도다. '딱' 하는 소리에 스트레스 풀린다. 그렇다면 배워볼 만하다. 뱃살 좀 빼 보자.

대패질이 멋있어 보이는 이유는

라디오를 분해했다. 아니, 분해했다는 것보다는 박살 냈다는 게 맞는 말이다. 나오는 소리가 궁금했고 신기했다. 그러면 라디오 속이 어떻게 생겼는지 알아야 하는 것이 맞다. 그래서 속을 열어보려고 했었다. 초등학교도 들어가기 전이었다. 그땐 TV도 없던 시절이라 라디오가 세상과 소통할 수 있는 전부였는데 그걸 박살 냈으니 가족들의 타박이 이만저만이 아니었다. 어릴 때부터 만들고 부수고 하는 일이 그렇게 즐거웠다. 어른들은 "그놈 참 손 도삽질(소꿉질, 강원도 방언)이 심하네."라 했었다. 지금도 만들고 고치는 일이 재미가 있으니 그 버릇 어디 안 간다.

지금은 공방이라고 하기도 하지만 아직도 목공소라고 하는 곳이 있다. 어릴 적 그 목공소 앞에서 대패질하는 동네 어른의 모습을 보면서 '나도 크면 저 아저씨처럼 되고 싶다'는 생각을 많이 했었다. 표면이 거친 나무도 이분의 손동작 몇 번에 깨끗한 모양새를 갖는 것이 너무 신기했다. 한번은 한참을 쳐다보는 나를 보고 "너도 한번 해볼래?"하시길래 끄적거리다 삐져나온 나뭇조각에 손을 다쳐 더 해보고 싶은 생각이 사라져 버렸다.

그래도 멋있게 보였던 기억은 남아있는지 요즘은 목공예를 하는 사람들의 모습이 너무 멋있다. 하루에 한 번 정도는 유튜브를 보면서 부러워한다. 만약 지금 뭔가를 배울 상황이 된다면 제일 먼저 해보고 싶은 것이 바로 목공예다. 취미로, 그리고 인생 제2의 직업으로 목공예를 선택하고 싶다. 나무를 깎고 밀고 맞추고 뚝딱뚝딱하면 누군가에게 필요한 물건이 멋있게 나오니 내 손재주가 여기에 맞으면 더할 나위 없이 좋겠다.

요즘은 어른들의 장난감이 넘쳐난다. 자신의 취미에 맞는 장난감을 만지며 가족과의 마찰을 뒤로한 채 즐겁고 행복하다고 한다. 분야도 다양하고 성향에 따라 선택의 폭도 넓다. 기회가 된다면 꼭 해보고 싶지 않은가? 어쩌면 어른들의 일탈일 수도 있는 고가의 장난감 타령이 찌든 자신을 위로하는 행위라면 자신만의 세계에서 행복을 누릴 충분한 이유가 된다. 여건만 된다면 그 행복과 자유를 충분히 누려야 한다. 그만큼 자신에 대한 위로로 충분할 수 있으면 된다. 그런 일탈조차 없다면 우울한 사람이 자신만이 아닐 수 있기 때문이다.

'그게 돈이 얼마나 들어가는데…'

물론 맞는 말이다. 돈이 들어가는 것일 수도 있다. 하지만 우리는 술 한 잔 덜 마시면 되고 커피 한잔 덜 마시면 그 정도는 할 수 있다는 것을 잘 알고 있다. 지금 자신이 하늘에 드론을 날리고, 호수에 RC 보트를 띄우고, 피규어에 색을 입히는 것이 너무나 즐겁다면 차라리 좀 더 오랜 기간 집중해보고 꾸준히 해보자.

세월이 지나 지금의 사소한 일탈이 언젠가는 나이가 들어 즐기면서 일할 좋은 기회로 돌아올 수도 있지 않은가?

조금이라도 낮추면 모든 것이 만족스럽다

오랜만에 만난 친구한테는 "잘살고 있지?"라는 덕담 한 번 하기가 쉽지 않다. 예전에는 쉽게 나오던 그 말이 요즘은 그리 쉬운 말이 아니다. 어떻게 지금까지 살아왔는지, 지금 상황은 좋은지, 나쁜지 알 길이 없는데 "사는 거 다 똑같지 뭐", "그냥 그렇지 뭐"하는 말을 듣는 게 그리 맘이 편치 않다. 사는 게 다 똑같지는 않겠지만 같은 강의실에서 공부하던 친구들은 모두 같은 출발점에 서있었다고 생각했는데 살아보니 다른 길, 다른 목적지에 와 있다. 서로 서 있는 곳이 다르다고 지금까지 살아온 삶이 특별히 다르지는 않겠지만 지금 서 있는 곳의 삶은 차이가 크다.

헛된 삶을 살아가는 이는 분명 없을 것이다. 자신의 인생에 있어서 현재는 열심히 살아가는 한순간이다. 과거에도 열심히 살았고 앞으로도 열심히 살아갈 거니까. 그 인생은 누군가에게 평가나 받는 수준의 삶이 아니다. 숭고한 삶이다. 사는 방법은 제각각이지만 자신의 자리에서 최선을 다한다는 점에는 차이가 없으니 인정받지 못할 이유가 없다. 하지만 잘 사는 방법은 지극히도 차이가 있다. 잘살고 있다는 사람도 그럭저럭 살고 있다는 사람도 같은 수준의 삶을 살았으면 좋겠지만 그렇지 못하니 안타까울 뿐이다.

그렇다면 잘 살기 위해 필요한 것은 무엇일까? 자기 자신을 평가할 수 있는 '삶의 기준'이 가장 중요하고 필요한 요소다. 한 달에 100만 원을 벌어도 만족스러운 사람과 200만 원을 벌어도 불만족스러운 사람이 있으니 분명한 것은 얼마를 벌어도 만족감은 자신의 기준에 따라 다를 수 있다. 불만족인 경우를 살펴보면 단 한 가지 이유가 존재한다. 다른 사람과 자신의 상황을 비교해서 상대적인 박탈감을 느끼고 있기 때문이다. 만약 300만 원을 버는 사람의 기준에 자신의 기준을 맞추면 당연히 자신의 삶은 불만족스러울 수밖에 없다.

우리가 살아가는 삶의 과정에 함부로 잣대를 들이대 평가하지 말자. 우리는 드라마 속 등장인물과 같은 기준이 필요 없다. 자신에게 가장 소중한 것을 찾고 그 속에서 자신만의 기준을 세워보자. 만족할 방법은 간단하다. 지금보다 조금은 부족하게 기준을 세우면 된다. 그 대상이 돈일 수도 있고, 마음이나 혹은 사람과의 관계일 수도 있다. 기준을 지금보다 조금이라도 낮추면 모든 것이 만족스럽다. 자신이 서 있는 그 자리가 남들과 조금은 다르더라도 충분히 만족할 수 있다. 기준을 낮추면 남는 것이 있다. 그건 그냥 다른 이들과 함께 나누자. 그것이 돈이든 마음이든…

조금은 부족해도 만족하는 삶이 잘 사는 방법이 아닐까?

사주팔자 그거 참

"지금까지 참 고생 많았네요. 조금만 더 애쓰면 조만간 좋은 일 생길 겁니다"

막다른 길에서 해결책을 찾으려고 하는 마음에 철학관을 찾아가면 쉽게 듣는 얘기 중 하나다. 고민거리가 있으니 찾아갔고 그 문제가 해결될 수 있는지 알아보려고 찾아갔는데 그 흔한 말로 위로해준다. 그래도 좋은 일이 생길 거라고 하니 왠지 마음이 안정된다. 잘 본다는 철학관을 물어보면 주변 여기저기서 자기가 알고 있는 곳 있다며 소개해 준다. 물론 본인의 경험까지 덧붙여 기가 막힌 곳이라고 하면서 덧씌우기를 한다.

태어난 해와 날짜, 시간을 말하면 평생 어떻게 살아가는지 알 수 있다는 명리학의 사주팔자, 토정 이지함 선생의 순수 토종인 토정비결, 방법은 좀 다르지만, 서양에서 물 건너온 타로, 이런 것으로라도 우리의 마음이 편안해지면 얼마나 좋을까? 인간의 한계를 넘어서 미래를 볼 수 있는 능력이 모두에게 있다면 좋겠지만 평범한 사람이 힘들 때 조금이라도 기댈 수 있는 곳이기에 누구나 한번은 경험하게 되는 것 같다.

어릴 적 몸이 그리 좋지 않아 부모님의 걱정이 이만저만이 아니었다. 용하다는 이런, 저런 약을 전국을 돌며 구해 오셨지만 좋은 결과가 없었고 마지막으로 미국 선교사에게 어렵게 구한 약으로 진행 속도만이라도 늦출 수 있었다. 그렇게 지내오다 어머님께서 동네의 철학관을 다녀오시고 나서 내 이름에 문제가 있다는 얘기를 들으셨다면서 개명을 해야 한다고 했다. 그 당시에도 개명은 그리 쉬운 문제가 아니었지만 어찌어찌 해결해서 결국 이름을 바꾸게 되었다.

웃긴 얘기이긴 해도 이름을 바꾸고 나서 얼마 지나지 않아 그때까지 먹던 약도 끊고 더 먹지 않아도 될 정도로 몸은 건강 해졌고, 나는 새로운 이름으로 생활을 하게 되었다. 물론 우연일 수도 있고 마지막에 먹은 약의 효과일 수도 있다. 하지만 이름을 바꾼 후에 생긴 긍정적인 변화에 대해서는 딱히 설명할 방법이 없으니 그 영향이라고 해도 할 말은 없다. 단지 부모님의 자신에 대한 애정과 노력이 내 병을 낫게 하지 않았나 싶다. 결국 그 철학관에 대한 어머님의 믿음은 더욱 강해져서 지금의 내 아내와의 궁합, 손주들 이름, 사주까지 그 철학관에서 해결했으니 세대를 넘어 감사하는 마음마저 갖게 한다.

살아가는 지금, 이 순간을 힘들어하고 알 수 없는 미래를 걱정하기에 평범한 인간이지만 그런 인간이기에 종교에 의지하고 신앙도 필요하다. 마찬가지로 아주 먼 옛날부터 이어온 다양한 방식의 삶의 지혜도 분명 우리에게 도움이 되고 힘도 된다. 그것이 사실이 아닐지라도 살아가는데 일부분을 차지한다는 점까지 부인할 필요는 없다. 하지만 점을 볼 수도 있고 철학관을 찾을 수 있지만, 삶의 일부분으로서 좋은 조언이라고 생각하고 너무 맹신하지는 말자. 맹신하는 것은 결코 도움이 되지 않는 것 같다.

그것보다는 현실을 현명하게 잘 헤쳐나갈 수 있는 노력과 힘이 더 필요하다.

헛된 꿈, 불편한 현실

아침에 일어나 밤새 꾼 꿈이 생생하게 기억나면 어떤 꿈이든 상관없이 해몽하고 싶어한다. 과연 무슨 꿈일까? 좋은 해몽이면 하루를 기대하고 나쁜 해몽이면 왠지 하루가 걱정된다. 물론 아무 일 없이 하루가 지나가고 결국 별거 아닌 것으로 기억에서 사라지지만 꿈의 느낌은 계속된다.

꿈 중에서도 가장 으뜸은 태몽이다. 자신이 직접 꾸거나 가족, 혹은 지인이 대신 꾸는 꿈이 태몽이라는데 신혼부부 주변에서는 항상 일어나는 일이고 얼추 맞는 것 같기도 하다. 누군가는 그 태몽을 평생 이야기하며 자녀에게 들려주는 예도 있으니 보통의 꿈과는 분명 다르다.

잠을 자면서 꾸는 꿈은 해몽이라도 있지만, 우리가 평소에 꾸는 꿈은 해몽도 없다. 로또에 당첨되고 싶은 꿈, 대박이 나서 돈에 파묻혀 보는 꿈, 전원주택을 지어 살아보는 꿈, 회사의 경영자가 되어보는 꿈 등, 자신이 이루고 싶은 것을 꿈이라고 하면서 상상의 나래를 펼쳐본다. 꿈도 아닌 것이 꿈이 되는 순간이다. '돈도 안 들어가는 일인데 상상해 보는 것이 뭐 대순가?'하면서 잠시라도 위안을 얻으니 그리 나쁘지 않은 상상이다. 하지만 그 꿈을 언젠가는 현실로 바꾸는 기회가 존재한다는 사실 또한 잊지 않는다. 그런 꿈을 꾸며 인생을 살아가고 목표를 정하고 그 꿈이 현실이 되었을 때 행복해한다.

우리 모두 많은 꿈을 꾸며 산다. 아니 수없이 많은 상상을 하며 살아간다. 그 상상이 현실이 되면 좋겠지만 그렇지 않은 경우가 더 많다. 그래서 헛된 꿈이라고 하는가 보다. 내일 당장 로또에 당첨되고 인생이 바뀌는 꿈, 이거 하나만 가지고도 일주일을 행복하게 버틸 수 있다. 하지만 또 평범한 하루가 다시 시작되면서 꿈도 실망도 다시 원점이다. 불편한 현실이 시작된다.

꿈만 꾸면 모든 것이 이루어질 수 있다는 이야기들, 긍정적이고 믿음을 가지면 언젠가는 성공한다는 성경 같은 말들, 이런 이야기로만 과연 성공할 수 있을까? 자신의 꿈을 이미 이룬 사람들은 항상 비슷한 말을 한다. 그러니 그 말을 믿을 수밖에….

성공할 수밖에 없는 조건과 과정은 노력의 결과일 수도 있고 우연일 수도 있다. 많은 사람이 '운칠기삼'이라는 말을 한다. '살아보니 그렇더라'는 말이 더 가슴에 와닿고 '삼이 없으면 칠도 없다'는 말이 차라리 더 설득력이 있어 보인다.

그렇다면 어차피 '칠'은 하늘이 정해준다면 '삼'이야 말로 내가 할 수 있는 전부일 수 있다. 문제는 '삼'을 해보지도 않고 '칠'을 얻으려고 하면 어느 순간 '칠'이 찾아와도 결국 미완성의 꿈이 될 수밖에 없고, 달성하지 못

한 목표가 된다. 그러기에 우리는 '삶'이라는 놈에게 집중하고 최선을 다할 수밖에 없다. 내가 할 수 있는 모든 노력을 '삶'에 쏟아부어야 한다.

어떤 이들은 꿈을 꾸라고 하고, 어떤 이들은 현실을 직시하라고 한다. 그렇다면 정답을 이렇게 정의하면 되겠다. '현실을 직시하고 목표를 정하라'. 꿈이라고 하지 말고 반드시 달성해야 하는 목표라고 하자. 자신의 현실을 명확히 직시하고 목표를 정하면 목표와 현실과의 차이가 '정량화'된다. 그래야 어떻게 해야 달성할 수 있을지 해야 할 과정을 미리 그려볼 수 있고 달성할 수 있는 목표가 될지 아니면 목표를 조정해야 할지 판단할 수도 있다. 불편한 현실이라고 해도 지금의 상태를 분명히 파악할 수 있다면 앞으로의 방향성을 좀 더 명확하게 잡을 수 있다.

어떻게 해야 하는지는 자신의 몫이다. '꿈'이라는 말보다는 '목표'라는 말을, '어떻게 되겠지'라는 생각보다는 '어떻게 해야 할지'를 좀 더 고민해 보자.

군대는 역시 군대다

대한민국의 남자라면 누구나 겪어야 하는 것이 국방의 의무다. 어떤 방법으로 하든 국방의 의무를 해야 한다는 것은 누구에게나 적용되는 것이고 적게는 최소한 18개월 이상은 근무해야 그 의무를 다할 수 있다. 가끔 여러 분야의 군 입대 대상자의 입대 회피 문제가 발생하고 언론에 오르내리지만 피치 못할 사정을 제외한다면 최소한 자신의 의무를 다하지 않고 이 나라에서 산다는 것은 그리 좋은 선택이 아니다. 한창 젊을 때 2년 가까운 시간이 아깝기는 하지만 군대 생활이 우리나라 성인 남성에게 주는 좋은 영향은 분명히 있다.

정말 오랜만에 아들 얼굴을 본다. 휴가 없이 한동안 지내다가 잠시 집에 왔다. 얼굴을 보니 만감이 교차한다. 성격 까칠한 우리 아들 과연 군대 생활을 잘 할 수 있을까? 걱정에 걱정하면서 군에 보냈는데 나름 군인의 모습도 보이니 안도한다. 아들을 통해 듣는 군대 얘기는 과거의 내 기억 속

군대와는 같은 듯 아주 다르다. 생각보다 너무 많이 편하게 군대 생활을 하는 것 같으니 내심 괘씸하기도 하다. 최소한 군대라면 내 머릿속에 있는 그런 과정을 겪어야 하는데, 그것이 아닌가 보다. 하지만 건강하게만 제대할 수 있기를 바란다.

입대하는 날, 단둘이 차를 타고 멀리 지방으로 내려갈 때 마음이 무거워 보이기에 많은 얘기도 못 하고 안타까움만이 자리 잡았는데 훈련소를 마치고 자대배치 받기 전 면회에서 군기 바짝 든 신병의 모습에 '군대는 역시 군대'라는 생각이 들었다. 저 모습 그대로 제대할 때까지 무탈하게 지내면 좋겠다는 마음이었지만 계급이 하나씩 올라가고 경험이 쌓이니 역시 다시 까칠한 성격도 보이고 부대에서도 조금은 튀는 경향도 있어 보인다. 돌출행동으로 걱정했던 일들이 생기는 건 아닌가 하는 마음이 쓰인다. 다 큰 성인이고 자기 생각과 의견이 있는데 부모의 마음은 그렇지 않은가 보다.

이등병 때 한겨울 장갑도 없이 찬바람 들어오는 세면장에서 밥그릇을 닦고 손이 갈라지고 부르터도 특별히 치료받지 않고 지냈던 옛날 군대 시절이 가끔은 그리워진다. 함께 했던 동기가 보고 싶고 넓은 연병장에서 뒹굴던 전우들이 그립다. 군대 생활은 절대 떠올리고 싶지 않은 기억이라고 하는 사람도 분명 있을 것이고 나름대로 추억으로 간직하고 평생을 추억으로 우려먹는 사람도 있을 것이다. 나도 그땐 젊은 마음에 가끔 치기어린 위험한 생각도 하곤 했었으니 지금 생각하면 나름 위기를 잘 넘겼다고 생각한다.

우리나라 성인 남성에게 군대란 과연 무엇일까? 잠시 숨돌리기 할 수 있는 곳이기도 하고 어쩔 수 없이 끌려들어 가는 곳이라고 생각할 수도 있다. 하지만 무사히 마치고 제대를 했을 땐 자랑스러운 대한민국 예비역이 된다. 군에서의 경험이 사회생활에 조금이나마 도움이 되진 않을까? 서로 모르는 사람들과 처음으로 해보는 사회에서의 인간관계를 군에서 경험 한다는 것은 돈 주고도 못 살 귀한 경험이라 여겨진다. 군대에서, 동사무 소에서, 구청에서, 법원에서 많은 젊은 청년들이 국방의 의무를 다하고 있 다.

자식이 군에 입대하니 보이는 군인들이 모두 소중해 보인다. 그들 모두 가 국방의 의무를 다하는 그 순간들을 평생 최소한의 자부심이자 좋은 추 억으로 남기면 좋겠다.

줄 세우는 사회가 싫다

"몇 등 했어?"

학교에서 시험을 봐도, 체육대회에서 달리기를 해도, 항상 듣던 말이다. 그때마다 내뱉은 말은 보통 "한 문제를 실수로 틀렸는데…", "오전에 배가 아팠는데 화장실을 못 가서…" 웃긴 얘기지만 몇 등 했냐고 물었는데 변명이 먼저 나왔다. 그때부터 어쨌든 줄 세우기는 시작된 거 아닌가? 서열처럼 느껴지는 줄 세우기. 나도 벗어나지 못했는데 내 자식도 마찬가지다.

중간고사나 모의고사가 끝나고 나면 애 눈치 보기 바쁘다. 그래도 묻는다 "잘 봤어?", "몇 등이나 떨어졌어?" 그 뒤론 언성이 서로 높아지며 한쪽은 변명과 항변을 한쪽은 "왜? 좀 더 열심히 하지!"라는 말로 응수한다. 단 1점이 등수를 좌우하니 입장은 같지만, 결과를 설명하는 과정은 다르다. 그렇게 줄 세우기를 할 수밖에 없는 세상이니 어쩔 수 없이 받아들이기는 하지만 찝찝하다.

나이를 먹어도 마찬가지다. 영업실적을 따지는 곳에서는 항상 '대상'이나 '챔피언'이 존재한다. 그 뒤를 잇는 몇을 제외하고는 나머지는 박수부대다. 얼마나 열심히 노력했는지는 중요하지 않다. 결과물을 만들었느냐 아니냐 차이다. 뺀질대며 일도 안 하고 요행의 결과를 바라는 사람이 있다면 그건 정말 그 사람이 문제다. 아니면 시스템의 문제일 수도 있다. 하지만 같은 노력을 했다고 한다면 그들은 모두 박수받아 마땅하다. 단지 결과만이 차이가 있을 뿐이다.

회사가 바라는 인재상이라고 하면서 갖가지 멋있는 말을 가져다 붙이지만, 결론적으로는 결과를 잘 끌어내고 회사의 수익에 도움이 되는 사람이다. 회사에 치명적인 누를 끼치지 않는다면 그런 사람들이 회사가 바라는 인재상이다. 줄 세워놓고 그런 조건의 사람들을 잘 뽑아 쓰는 것이 능력 있는 채용이라고나 할까? 한때는 관상가를 옆에 놓고 면접을 봤다는 회사도 있었으니 관상을 잘 타고나야 줄 서기를 잘 할 수 있다는 것에 참 별나다는 생각도 든다.

올림픽에서 은메달을 따고 우는 나라는 우리나라밖에 없다고 한다. 맞는 말인지는 모르겠지만 몇 번 본 것 같기는 하다. 금메달을 따고 우는 것은 기뻐서겠지만 은메달을 따면 그 눈물은 그게 아닌가 보다. 그래도 전 세계에서 두 번째로 잘하는 사람인데 말이다. 자의든 타의든 태어나서부터 지금까지 줄 서지 않은 경우가 없으니 그럴 수 있다. 앞으로도 줄 세우기라는 것이 없어질 리는 없다. 어떤 곳에 있어도 마찬가지라 본다.

대학교 서열도 참 많은 것을 보여준다. 고등학교 학군이 들썩이고 학원이 들썩이고 아파트값이 들썩인다. 자기 자식들 좋은 대학 보내고, 좋은 직업 갖게 하려고 편법까지 써야 하는 세상이 정상은 아니다. 언론의 주목을 받지 않은 더 심한 경우가 있긴 많이 있을 것이다. 이미 그런 세상이라는 생각이다. 내 자식한테 그런 혜택을 못 만들어주는 부모의 마음은 말로다 못 한다. 참 슬프다.

그래서 나는 줄 세우기가 싫다. 1등을 찾아내는 줄 세우기 보다 땀 흘리는 꼴찌를 만들어내는 세상이 더 소중하지 않을까?

불편함이 만들어 낸 추억

나는 동해안 작은 소도시에서 어린 시절을 보냈다. 눈뜨면 바다요, 고개만 돌려도 태백산맥이 보이고, 밤이면 은하수도 쉽게 볼 수 있었다. 지금은 시간과 돈을 써야 볼 수 있는 그 멋진 풍경이 얼마나 소중한 것인지 그땐 몰랐다. 대도시보다 문화 혜택을 그리 많이 못 받아 그런지 사방이 꽉 막힌 그 동네를 빨리 벗어나고 싶다는 생각으로 살았으니 지금은 추억 속의 그 모습들이 더 그립다.

인터넷, 스마트폰이 없던 그 시절, 라디오와 TV는 넓은 세상과 소통하는 가장 좋은 도구였다. 어릴 땐 TV보다 라디오가 더 많았던 시절이라 귀기울이고 라디오를 듣던 순간이 기억난다. 많은 프로그램 중에서 가장 기억에 남는 것을 하나만 뽑으라면 당연히 '별이 빛나는 밤에'가 아닐까? 밤 10시만 되면 타이틀 음악이 깔리면서 묵직한 목소리로 '별이…빛나는…

밤에'를 읊조리던 MC들의 목소리가 생생하다.

지금은 찾기 힘들지만, 카세트테이프에 녹음하기 위해 녹음 버튼에 손을 올리고 눌러야 할 타이밍을 기다리기도 했다. 사연이라도 한 번 보내면 기대감으로 한동안 더 집중했었는데 결과는 당연히 꽝이었지만 좋은 추억이다. 1969년 3월부터 시작했다고 하니 정말 장수하는 프로그램이다. 전 세계적으로도 아마 흔치 않은 경우임은 틀림없다. 청소년들의 꿈을 키워주고, 일탈을 막아주는 역할까지 했으니 그 효과는 상상을 뛰어넘을지도 모른다.

지금은 손동작 몇 번이면 쨍쨍한 음질의 음악을 듣고 즐길 수 있다. 모든 것이 너무 쉽고 편하다. 상상 속에서만 그리던 이런 세상이 오리라고는 생각지도 못했다. 앞으로 어떤 세상이 우릴 기다릴지는 알 수 없지만, 지금보다도 더 변화되고 편한 세상임에는 분명할 것이다. 그런데 추억할 만한 일은 그리 많은 것 같지 않다. 우리 아이들이 기억할 수 있는 추억은 뭐가 있을까? 추억될 만한 일이 있었는지 물어봐도 답하는 것은 그리 많지 않다. 물론 그런 추억거리를 만들어 주지 못한 내 잘못이긴 하다.

혹시 '불편함'이 추억을 만들어 낸 건 아닐까? 생각해 본다. 친구들과 함께 가던 시냇가도 걸어가야 했고 바닷가에서 조개를 잡을 때도 상당한 불편함을 감수해야 했다. 그런 불편함이 추억 속에 깊이 자리 잡고 있는 것 같다. 그 불편함을 혼자 경험하기보다는 함께 경험하는 이들이 있었기 때문에 같은 추억거리를 가지고 있는 것 같다.

요즘 레트로 문화가 주목을 받고 있다. 음악이나 패션, 심지어 소주나 맥주 같은 술에도 과거의 글씨체와 그림을 넣어 예전의 감성을 자극한다. 현재 시대의 흐름과는 지극히 상반되는 트렌드다. 그래도 사람들이 찾고 상품성이 있으니 자연스럽게 만들어지고 소비된다. 그 주축이 되는 세대가 젊은이들이라는 것도 의외이다.

현재의 기술과 문화에 가장 최적화되어 있는 세대임에도 그런 선택을 한다는 것은 세대를 떠나, 부족한 마음을 채울 수 있는 무엇인가를 찾고 있는 것은 아닐까?

평가를 하면 화가 돌아온다

매일 먹는 반찬임에도 "맛있어?"하고 묻는다. 짧게 "어"하면 "급하게 하느라 간도 못 봤는데 어때?"하고 되묻는다. "어, 맛있어." 순간 아차 하는 생각이 스친다. 서둘러 다시 덧붙인다. "짭조름한 게 단짠 조화가 아주 좋아" 하며 내심 성공했다고 안심한다. 수십 년간 길든 대응법이다. 이렇게 해야 밥상이 조용하다는 것을 깨닫기까지 꽤 오랜 시간이 걸렸다. 까다롭지 않은 입맛이라 반찬 투정 한 번 해보지 않았지만 어쩌다 한두 번 있었던 일들 때문에 오랜 기간 길러온 대응법을 만들 수밖에 없었다.

보통 남자는 이성적이고 여자는 감성적이라고 한다. 살다 보니 얼추 맞는 말인 것 같다. 이성적인 것은 논리를 바탕으로 한다. 그런데 논리는 잘 못 하면 평가를 수반하게 된다. 반찬 하나 만들어 먹는데 남자는 그것을 평가하기 시작한다. 그 순간의 내 입맛에 따라 맛이 바뀌기도 하는데 그건 남자의 배려 대상이 아니다. 짜다, 맵다, 싱겁다 등으로 평가를 하는 순간 이미 공은 여자에게 넘어간다. 방어해야 할 원인을 제공했기 때문이다.

"미안해, 힘들게 일하고 와서 간도 못 보고 급하게 만들었는데 그냥 맛 있다고 해주면 안 돼?"

이때부터 주거니 받거니 미운 말들이 오고 가면 결국 들을 수 있는 얘기 는

"결혼하면 물도 안 묻히게 해주겠다고 해놓고 같이 일하면서 집안일은 나 혼자 하라고 해?"

뒤도 안 돌아보고, 방으로 들어가고, 순간 문 닫는 소리가 집안을 뒤흔든 다.

과연 여자는 정말 만들어 놓은 반찬의 맛을 물었을까? 아니다. 분명 대 화를 하고 싶었을 것이다. 하루를 마치고 둘이 마주 보며 대화할 시간은 이때뿐인데 대화의 시작을 반찬이란 소재로 한 건 아닐까? 이성으로 판단 하고 논리로 설명해야 만족하는 남자의 입장에서는 환장할 소리지만 세 월 속에서 알 수 있었던 대화의 지혜라고 생각한다.

평가는 회사에서도 계속된다. 보고서는 항상 마무리하기 전에 초안부 터 중간중간 점검을 받으라고 해놓고 초안을 가지고 보고를 들어가면 배 경화면 가지고 트집을 잡고, 오탈자 잡아내고 조심하라고 경고한다. 정말 머리 돌아가는 소리다. 그분은 반드시 평가라는 것을 하고 싶었을 것이다. 자리가 사람을 만든다고 부하직원에게 뭔가는 보여줘야 한다는 강박관념 이 있었을 게다.

반대로 내가 보고를 받을 때는 반드시 점검을 해줬다. 꼼꼼히 살펴보고 조금이라도 더 잘 만들 수 있게 도왔고 그걸 꼭 그 자리에서 확인해서 돌

려보냈다. 그래야 확실한 보고서가 나온다. 평가도 잊지 않는다. 논리적으로 설명해주고 평가해서 정확한 팩트를 전달해 준다. 아마 그 직원은 많이 배울 수 있어서 분명 도움이 될 것이다.

그런데 왜 뒤가 구린 것 같은 생각이 들지? 맞다. 내 상사나 나나 똑같다. 이건 뭐 완전히 동일인이다. 내로남불인가? 정말 다시 생각하면 쥐구멍을 찾고 싶다. 남에 대한 평가를 이성과 논리를 이용해서 함부로 하지 말아야 한다.

이성보다는 감성을, 평가보다는 소통을, 사실보다는 상황을 이해하는 것이 서로에게 더 도움이 된다.

내가 지금 꾸는 꿈은 누군가의 현실인데…

보통 신혼여행은 평생 한 번이나 가 볼 수 있는 곳을 선택한다. 그리고 그곳에서 약속한다.

"나중에 꼭 다시 오자" 하면서 새끼손가락까지 걸어본다.

이거 해결한 사람 있는가? 나는 약속은 그렇게 했는데 실행은 못 했다. 아직도 그냥 꿈으로 남아있다. 하필이면 이런 말도 했다.

"그래 10년 뒤에 자식들 데리고 꼭 다시 오자."

결국 10년이 다가오자 언제 갈 거냐는 질문에 죄인 같은 마음으로 10년째 되는 날 다시 10년 뒤를 약속하고 말았다. 조금이라도 더 목표같이 보이는 '10년 뒤'라는 말이 발목을 잡았으니 다시 써먹는 수밖에….

방송에서 그런 꿈을 이룬 사람들이 가끔 나온다. 그런 약속을 지켰다는 모습에 부러움만 가득하다. 꿈을 현실로 바꾸기 위한 가장 좋은 방법으로 꿈을 특정해서 분명한 목표로 만들라고 한다. 하얀 백지에 새빨간 피 한 방울이 떨어져 있는 모습을 상상해 보면 이해가 된다.

'나중에 반드시 전원주택을 산다'

'10년 뒤, 8월 15일, 경기도 OO시 OO동에 있는 OO평짜리 전원주택을 산다'

평소 하는 말은 '나중에 반드시' '꼭' 하겠다는 말이다. 그 말로 평생을 살아간다. 하지만 이룰 수 있는 꿈이 되기에는 선명하지 않고 불확실하다. 하지만 두 번째 말은 구체적이고 분명하다. 이것은 꿈이 아니라 목표의 형태를 가지고 있다. 실현 가능성이 더 높아 보이지 않는가? 꿈을 현실로 바꾸기 위한 첫 번째 단추가 끼워진 것이다.

재미있는 것은 내가 꿈꾸는 그 자리에는 항상 누군가가 이미 와있다는 점이다. 나에게 꿈인 그 자리가 그들에게는 현실이다. 과연 그 사람들도 나처럼 꿈을 꾸고 목표를 정한다음 쉼 없이 달렸을까? 참 궁금하다. 다른 과정을 걸어왔겠지만, 그들도 마찬가지다. 그렇기에 그 자리에 있을 수 있다는 점에는 의구심을 가질 필요가 없다. 누군가 이미 이루고 있는 자리라면 나 자신도 충분히 가능성이 있다는 점에 방점을 찍어야 한다.

목표를 정하고 그것을 이루기 위해 준비하는 과정은 오롯이 자신의 몫이다. 넘어지고 또 넘어져도 다시 일어나서 달려가면 된다. 인생은 단 한 번에 꿈을 이룰 기회를 쉽게 주지 않는다. 그 때문에 속도는 바뀔 수 있다. 그렇지만 될 수 있는 한 목적지는 바꾸지 말자. 준비해온 과정이 틀어질 수 있기 때문이다. 어쩔 수 없는 경우라면 차라리 크기를 조절하면 된다.

꿈은 수치로 나타내기 힘들지만, 구체적인 목표는 수치화 할 수 있다. 그렇기 때문에 과정을 역산할 수 있고 확실한 준비 방법을 찾아낼 수 있다. 이것이 핵심이다. 준비해야 하는 크기를 알려주기 때문에 구체적인 목표가 필요하다.

내가 꾸는 꿈을 이미 이룬 사람들은 구체적인 목표를 달성한 사람들이다.

정말 능력만으로 성공할까?

가끔 회사생활에 대한 이야기를 풀어놓는 드라마를 보면 빠지지 않고 나오는 이야기가 있다. 기획서 이야기다. 사원이 기획한 내용을 과장이 자기 것인 양 써먹고 칭찬을 받는다. 알면서도 한마디 못하고 끙끙 앓는 사원은 소주에 화풀이한다. 하지만 다음날 맨정신에 출근하면서 마치 아무 일 없다는 듯이 큰 소리로 '안녕하십니까'를 외친다. 미치고 환장하고 돌아버리는 상황인데 절대 맞짱 뜨면 안 되는 거, 너무나도 잘 안다. 그런 상황의 현실은 드라마보다 더 현실적이다. 능력을 보여줘도 알아주는 사람이 없다는 어처구니없는 현실.

온종일 나를 찾더니 휴일에도 나와서 일 좀 해달라고한다. 할 수 있는 사람이 나 밖에 없다고 하니 어쩔 도리가 없다. 내 일도 산더미처럼 쌓여 있는데 본인이 해야 할 일까지 들이밀어 버리니 답답하기는 하지만 '너밖에 없다'는 한마디에 우쭐하면서 '해드리겠다'는 말을 큰소리로 해버린다. 그렇게 자신 있게 말을 해놓고 재차 후회하면서도 '언젠가는 보상을 받겠지'하는 보상심리에 휴일도 반납하고 남의 일에 매달린다. 정확히 말하면 남의 일이 아니라 윗사람 일이다. 이렇게 나의 능력을 보여주니 '내가 없으면 안 되겠죠?'하는 자만심도 생긴다.

이렇게도 나름대로 능력이 있다고 생각하는데 항상 제자리다. '나를 이끌어 주겠지'하고 생각하는 사람은 기다리고 있으면 걱정하지 말고 잘 될 거라는 얘기만 하고 그다지 나에 대해 신경 써주는 것 같지도 않다. 이상하다. 하지만 인사이동이 있을 때 그 자리만 지키고 있어도 성공한 거라고 위안을 주는 그 분의 말이 당연하게 들린다. 정말 뭐가 이상하다. 능력으로 따지면 퇴출당하여야 할 몇몇 사람들도 인사이동에 그 자리를 지킨다. 이젠 이해가 안 된다. 회사에 남아있는 것만으로 다행이라고 할 정도로 내 수준이 그렇고 그런가? 답을 찾을 수 없다.

능력 말고 다른 뭔가가 있나 보다. 그렇다면 능력을 보여주는 것보다 빨리 그 뭔가를 찾는 게 더 좋을 듯하다. 사회는 그렇게 그냥저냥 돌아간다. 능력으로 뭔가를 보여줄 수 있는 사람은 나 말고도 많다. 이것이 핵심이었는데 그것을 몰랐던 건 아닐까? 내 능력을 시험하는 사람들보다 자신과의 관계를 더 요구하는 사람들이 많다는 점, 아마도 그것이 해답일지도 모르겠다. 사회가 굴러가는 근원적인 방식이 그렇다고 한다면 인정하자.

회사생활을 해보고 퇴직한 사람은 다 느낀다. '나 없이 잘 돌아가는지 한번 보자' 했다가, '어? 나 없이도 잘 돌아가는구나'. 결국 업무 능력의 문제가 아니다. 사람 사는 얘기 속에서 해답을 찾는 것이 맞다. 사람과의 관계가 더 중요하고 한 번이라도 더 서로의 속마음을 알 수 있는 사적인 자리가 더 중요하다. 내 능력이 판단 받을 중요한 순간, 나와 같은 능력의 소유자는 분명히 존재한다. 아니 조금 떨어지는 업무 능력을 갖추고 있는 사람일지라도 마음을 터놓고 소통한 사람이라면 그 사람에게 한 표라도 더 간다.

시간이 흘러 생각해보니 내가 비슷한 자리에 있을 때도 능력이 있지만 부담스러운 사람보다 조금 능력이 부족해도 맘 편한 사람이 더 눈에 들어온다. 회사생활뿐만 아니라 다른 사업을 해도 마찬가지고 장사를 해도 마찬가지라는 결론이다. 사람 사는 곳이면 다 같은 상황과 같은 결과가 보인다. 평범하게 살아가는 세상살이는 그리 다르지 않다. 어차피 로열패밀리가 아닌 이상 '을'과 '을'들의 관계다. 서로에게 상처받지 말고 서로를 위로하자. 그 능력이란 거 별거 아니다. 소중한 사람보다 필요하지 않다.

빨리 가려면 혼자 가고 멀리 가려면 함께 가라는 말이 있지 않나. 이 세상 혼자 가지 말고 함께 가자. 마주 보지 말고 '어깨를 나란히 하고 한 곳을 바라보면서…'

술이 싫어서 안 마시는 건 아닌데…

논어에 보면 공자의 주량을 이렇게 설명한다. 유주무량불급란(唯酒無量不及亂, 양을 정해놓지는 않지만 마시고 나서 흐트러짐이 없다)이라 하여 공자의 주량은 상당한 것으로 여겨지며 취할 정도로 마시지는 않았다는 것으로 전해진다. 인간이 술을 만들고 마셔온 역사는 거의 인간의 역사일 정도로 길다. 그 정도로 오랜 시간, 인간과 술은 불가분의 관계였다. 역사 속 한때는 금주령을 내리고 법을 어긴 사람에게는 심한 형벌을 가할 정도로 과한 술 때문에 생기는 피해를 방지하고자 하기도 했다.

젊은 시절 폭음하던 습관으로 한때는 거의 하루하루가 술판이었는데 언제부터인가 갑자기 몸에서 술이 받지 않았다. 나이 들어 잠시 다시 마시긴 했지만 그리 많이 마실 수 없었고 지금도 마찬가지로 소주 두 잔 정도 마시고 나면 그다음부터는 술을 목에서 넘기기가 쉽지 않다. 내가 잘 마시지 않지만, 술자리를 좋아하고 함께 이야기하는 것을 좋아하던 터라 그게 크게 문제되지 않았는데 어느 순간 점차 술자리에 참석하는 것이 조금씩 불편해지고 또한 술도 안 마시는데 같이 앉아있는 모습이 불편했는지 지인들도 점차 합석을 그리 권하지 않게 되었다.

아직도 술 때문에 사회생활이 힘들 수 있을까? 하는 의문이 생기지만 아직도 술 때문에 인연이 생기고 술로서 관계를 풀어가는 사람들이 많다. 그에 반해 나는 술 때문에 많은 관계가 어려워진 경우라고 볼 수 있다. 술로 풀 수 있는 것도 나 자신이 그러지 못하니 어쩔 수 없이 업무적으로만 끝맺음해야 하니 모든 일을 잘 풀어나가기가 생각보다 쉽지 않다. 술도 자꾸 마시다 보면 당연히 주량도 늘어난다. 술을 배우려면 꾸준히 마시는 방법이 가장 좋다. 그런데 그렇게 하기에는 건강을 걱정해야 하는 상황이라 권하기에는 좋지 않은 방법이다.

예전과 비교해 술 문화가 변하긴 많이 변했다. 회식도 술보다는 공연이나 다른 놀이문화로 변하고 2차 이상 가는 것보다는 1차에서 마무리하고 끝낸다. 이런 술 문화가 점차 많아지고 있다. 하지만 그렇지 않은 경우도 아직 많다. 아무리 방송에서 색다른 회식문화를 소개하고 술과는 거리가 먼 새로운 문화를 알려주지만, 주변의 환경은 그리 크게 변하지 않은 것 같다. 술은 역시 술이란 생각이 든다.

어릴 적 아버지의 주사로 매우 힘들었다. 지금도 트라우마라고 할 정도로 술로 인한 실수를 하지 않으려고 한다. 심지어 결혼하고 아이들이 태어난 후로는 술을 거의 마시지 않았고 어쩌다 마셔도 절대로 취한 상태로 집에 들어가 본 적이 없다. 그러니 아이들은 내가 술 마신 모습을 본 적도 거의 없다. 더욱이 취한 모습은 아예 본 적이 없다. 지금까지 단 한 번도 그런

적이 없으니 아이들 입장에서는 비교할 수 있는 상대가 아마도 없었나 보다.

다.

큰 놈은 거의 말술이다. 성인이 되면서 주위의 친구들과 어울리며 술을 마시더니 어느 순간 소주 두세 병은 거뜬히 마시고 맥주 두세 병으로 입가심하고 나면 조금 취한 정도라고 하니 할아버지의 능력이 세대를 건너 손주에게 넘어간 건 아닌가 의심된다. 한 두 가지 절대 조심해야 할 것만 알려주고 술에 대해서는 관대하니 점점 더 눈치 보는 일은 없어진다. 주사가 없으니 가능한 일이다.

사회생활을 하면서 술을 잘 못 해서 얻은 것보다 잃은 것이 많기에 내 자식에게는 잠시 그 능력을 양보해도 좋을 듯하다. 공자의 주량처럼 그렇게 마시고 건강을 해칠 정도만 아니라면 그런 능력도 좋다고 본다. 술을 잘 못 마시는 사람으로서는 부러운 대상이다.

관계를 위한 방법이 달라진다

주변에 사람이 많아 수시로 약속을 하고 만나며 바쁘게 살아가는 사람을 보면 왠지 부럽다. 그는 마치 관계의 달인처럼 보인다. 어떻게 저렇게 많은 사람을 알고 지낼까? 궁금하다. 반면에 단 한 명을 만나도 관계를 열고 지속하기 어려운 사람도 있다. 자신이 가진 성향 때문에 마음을 열기가 쉽지 않다. 잘못도 아니고 능력의 문제도 아닌데 위축될 수 있다.

사실 모르는 사람과 새로운 관계를 갖는다는 것은 쉽지 않다. 특정한 목적의 모임에 의도적으로 가입하지 않는 한, 다가서는 것도 다가오는 것도 서로 마음을 열면서 관계를 만들기가 너무 어렵다. 사회 경험에서 생긴 사람에 대한 두려움 때문에 사람에 대한 경계심이 많아진 것도 이유일 수 있다. 누구나 느끼겠지만 지금은 사람과의 관계가 예전 같지 않다.

하루는 친한 후배가 SNS에 이름만 대도 누구나 알 수 있는 연예인과 찍은 사진을 올렸다. 그것도 실시간으로. '어! 뭐지? 얘가 이 사람과 인연이 있었나?' 나중에 들은 얘기는 자기가 SNS에서 우연히 서로 팔로우를 하던 차에 우연히 새 글이 올라오길래 답글을 달았더니 실제로 한번 만나고 싶다고 전화가 왔다고 했다. 그날 바로 번개로 만나 많은 이야기를 나눴고 새로운 인연을 만들었다고 한다. 자신도 생각지도 못한 관계가 생긴 것이다.

지금은 그렇게 관계의 형식이 바뀌고 과정이 변화하고 있다. 보이지 않는 누군가의 이야기에 더 신뢰하고 반드시 만나야 해결할 수 있는 일 보다 만나지 않고 해결할 수 있는 일이 점점 더 많아지니 우리가 알고 있던 관계라는 것을 새롭게 시작하는 게 더 어렵다고 느껴진다. 하지만 이런 현상이 생각지도 못한 새로운 관계를 만들어 내고 있다. 소통의 방식이 달라졌고 관계를 위한 검증의 방식이 바뀌었다. 사람을 검증하려면 그 사람의 SNS를 먼저 살펴보면 된다. 그것을 바탕으로 관계를 시작한다. 물론 왜곡된 정보일 수도 있다. 의심스러우면 믿지 않으면 된다. 만나서 속으나 정보로 속으나 속일 사람은 속인다.

새로운 관계의 끈을 연결하기 위해서 만나야 하고, 다가서고, 다른 이가 나에게 다가오게 해야 하는 그런 방법이 아니다. 예전처럼 반드시 만나야 하는 것도 아니다. 어쩌면 요즘의 세상은 대면해야 하는 소통의 장을 외면하게 하는지도 모르겠다. 열댓 번은 만나야 할 일도 지금은 한 번이면 족하다. 나머지는 SNS로 소통하면 된다. 전혀 다른 공간에 살고 서로 연관 없는 직업을 가지고 있으면서도 서로 소통할 수도 있고 일을 진행할 수도 있다.

예전의 방식으로 관계를 갖던 관계의 달인도 그렇지 못했던 사람도 지금은 동일 선상에 있다. 이제는 새롭게 만들어지는 문명의 이기를 활용하기 나름이다. 어떤 이는 차라리 아날로그 시대를 그리워하며 그때가 더 인간미 있었고 사람다웠다고도 한다. 틀린 말은 아니다. 그런데 이 시대의 문명의 이기가 새로운 관계와 우연을 만들어낼 수 있다면 받아들이자. 관계의 방식도 소통의 과정도 달라졌기 때문이다.

허리를 펴고 머리를 뒤로 젖히세요

두통이 가시지 않는다. 어깨도 통증이 오고 머리도 아프니 스트레스 때문이라고 생각하고 두통약 한 알 먹고 버티니 옆에서 "하루 이틀도 아니고 병원을 가봐요" 한다. 병원 가는 걸 누구보다 싫어하는 사람이라 전혀 갈 마음이 없다. 그런데 뇌혈관 쪽이 그리 좋지 않은 집안 내력에 조금 걱정은 된다. 며칠이 지나도 회복이 되지 않는다. '아직 쓸만한 몸인데 벌써 이러면 안 되는데' 하는 생각에 어쩔 수 없이 병원을 향한다. 의사 선생님, 이것저것 물어보다 아마도 거북목이나 일자목인 것 같다며 엑스레이를 찍으라고 한다.

그 의사 선생님 참 환자 잘 본다. 엑스레이를 펼치면서 목 부위를 보여준다. 여지없이 일자목이다. 그냥 서 있다. "이것 때문인 거 같네요. 지금 통증이 심하시니, 처방전 써드리겠습니다. 물리치료도 받으시고요." 혈관

질환이 아니라 일자목이라니 일단 안심이고 치료받으라고 하니 문득 생각나는 것이 있어서 "도수치료도 하시나요?". "그럼 도수치료도 같이 받겠습니다."

최소한 일주일에 두세 번은 받아야 한다는데 시간상 한 번만 받기로 하고 일주일에 한 번씩 정기적으로 도수치료를 시작했다. 처음 예약하는 날 도수치료 실장님, 참 친절하시다. 웬만한 운동선수 저리 가라 할 정도로 키도 크고 몸도 좋다. 다음 주부터 내 몸을 완전히 비트실 각이다. 도수치료 시작한 첫날, 앞으로 어떻게 목을 관리해야 하는지 운동법 등을 알려주신다. 간단하면서도 쉽지는 않은 자세를 원한다. 그래도 한 번 하고 나면 목이 시원하다.

본격적인 도수치료가 시작된다. 예상한 대로 덩칫값을 하시는 분이다. 누르고 비트는 곳마다 통증이 몰려온다. 나오지 않던 신음을 자연스레 뱉어버린다. 정말 아프다. '깐 데 또 깐다'라는 말처럼 아픈 부위를 계속 누른다. 피할 길이 없으니 끙끙대며 그냥 받아들인다. 시간이 갈수록 그 통증은 조금씩 사라지지만 아직 아픔이 느껴진다. 그날 밤, 온몸이 쑤신다. '원래 이런가?' 그냥 참고 잠을 청해본다.

다음 날 아침, 살면서 이렇게 편하게 잠을 잔 적이 있었던가? 너무 잠을 깊이 잤다. 두통은 깔끔히 사라졌다. '아, 사람들이 이래서 도수치료를 받는구나!' 감탄한다. '그 실장님 한 손 하시네' 하는 생각에 다음 주에 다시 방문한다. 이때부터는 서로 말수가 많아진다. 몸에 대한 얘기부터 가족 이야기, 세상사는 얘기. 한 시간이 짧을 정도로 대화를 이어간다. 그 실장님의 마무리 멘트는 "다음 주에 이 시간 예약이시죠?"

당연하다. 이렇게 몸이 편해졌는데 많이 좋아질 때까지는 일단 계속 치료다. 그런데 그다음 주도, 다다음 주도 실장님의 마지막 멘트는 바뀌지 않는다. 고객관리 참 잘한다. 나중에 알게 된 사실이지만 실적에 따라 급여가 정해지는바, 철저한 고객관리를 해야 한단다. 점점 몸이 좋아지고 더 안 가도 될 상황이 오니 고민된다. '다음 주에 올까 말까?' 그래도 "다음 주에도 오시죠?" 한마디에 그냥 "네"하고 만다.

그렇게 두세 번을 더 받고 시간상 지금은 도수치료를 못 받고 있지만, 이상하게 매주 그 시간만 되면 문득 생각난다. 매주 정기적으로 같은 요일 같은 시간에 열 번은 넘게 만나 한 시간을 함께 지냈으니 호구조사부터 인생 설계, 심지어 통장 잔액까지 알 수 있었던 담당 실장님, 그분의 아이들조차도 잘 지내는지 궁금하다. 한 번도 못 봤지만 친한 지인의 자녀들 같은 생각이 든다.

매일 봐도 그 속을 알 수 없는 사람이 있지만 짧은 만남이지만 모든 것을 여는 사람이 있다. 살면서 그런 사람이 더 기억에 남는다.

은퇴하고 싶은 생각은 전혀 없다

거짓말이다. 정말 쉬고 싶다. 유유자적하며 쉴 때 쉬고 놀 때 놀고 싶다. 이젠 그만 일하고 여행이나 다니면서 살고 싶다. 지금까지 수십 년간 쉬지 않고 달려온 피로가 쌓이고 쌓여서 이젠 넘쳐나기까지 한다. 그런데 쉴 수가 없다. 모아 놓은 것이 피로 말고는 없으니 뭐든 해야 한다. 그런 인생이다. 요즘 들리는 얘기로는 인간의 수명이 100세 정도라고 하니 참 길기도 하다. 과거의 경험과는 너무 다르다. 우리 선대의 어르신들은 환갑잔치를 성대하게 치렀다. 은퇴도 그 시점이다. 그 이후로는 노인 취급에 뒷방 신세였다.

그런데 요즘 주변을 둘러보면 나이가 가늠이 안 되는 분들이 생각보다 너무 많다. 다들 일을 하고 있다. 노인들이 모여 있는 곳에 가면 웬만한 나이는 명함도 못 내민다. 노인 기준 연령도 바뀌고 있다. 여러 가지 정책 문제가 매우 복잡하게 얽혀 있는 문제라 쉽게 결정하지 못하고 있지만, 조만간 70세로 정해질 듯하다. 65세 이후 받던 혜택은 앞으로 70세가 되어야 받을 수 있고, 사회적으로는 70세 전까지 고용에 대한 문제를 해결해야만 한다. 여차하면 10여 년에 가까운 은퇴절벽을 제대로 겪을 수 있는 사회문제가 될 수 있다.

물론 준비된 사람은 자연스레 갈 길 가면 된다. 전원주택 짓고 여생을 편하게 보내면 되고 그렇지 않은 사람이 문제지 준비된 사람은 크게 문제 될 거 없다. 안타까운 건 준비된 사람의 숫자보다 준비되지 않은 사람의 수가 훨씬 더 많다는 점이다. 특히 지금 은퇴하는 세대도 된서리 몇 번 맞았던 세대다. IMF에 금융위기까지 심지어 코로나 19까지 이건 뭐 거의 재앙 수준이다. 부모로부터 물려받은 재산이라도 있으면 그나마 숨구멍이라도 있겠지만 그렇지 못한 경우는 그냥 재난 그 자체일 수도 있다.

통계청이 발표한 '2020년 5월 경제활동인구 조사 고령층 부가조사 결과'에 따르면 55~79세 고령층 인구는 1,427만1000명으로 15세 이상 인구 4,475만6000명 중 무려 31.1%를 차지했다. 이중 국민연금을 수령하는 사람은 약 670만 명, 이중 100만 원 이상 받는 사람은 98만9천 명 정도다 나머지 570여만 명은 100만 원 이하다. 이중 430여만 명이 50만 원도 못 받는다. 적은 금액이지만 국민연금이라도 받으면 다행이지만 그렇지 못한 인구가 1,427만1000명 중 절반이 넘는다. 53%에 육박한다. 이런 현실에서 은퇴라는 말은 꿈이다.

은퇴하고 싶다는 말은 하지 않으려고 한다. 은퇴할 수 있을 때까지 건강하게 일을 했으면 좋겠다. 몸도 정신도 온전히 일을 할 수 있으면 그것으로 만족한다. 누구에게나 닥치는 일이고 세대를 구분해서 서로의 이해관계로 팥 놓으라 콩 놓으라 할 필요도 없다. 나도 누군가의 후배였고 누군가의 선배 아닌가?

단, 한 가지만 명심하자. 일을 할 수 있는 기반은 평생 준비해야 한다. 자기 일이 두 개인 양 준비하자. 하나를 다 쓰면 다른 하나로 할 수 있게, 이제는 그래야만 한다. 땀 흘리며 살아온 인생 뒤돌아볼 틈도 없이 남아있는 시간을 대책 없이 걱정하는 오류를 범하지 말자.

몸이 힘들면 마음이 편하다

고정된 일을 하지 않다 보니 가끔 일이 없을 때가 있다. 집에서 그냥 쉬기 뭐하니 할 만한 일을 찾아 아르바이트한다. 물론 몸으로 때워야 하는 일이 다반사다. 어떤 일이든 마찬가지지만 처음이 힘들지 한 번 하고 나면 그다음부터는 할 만하다.

얼마 전 청소를 직업으로 하는 후배와 책 출판 기획과 관련하여 상담하다가 마침 자리가 있어 잠시 일을 도와준 적이 있다. 20여 년 가까이 그 직업을 선택해서 땀으로 사업을 이룬 전문가라 나름 인정받는 후배였다.

일을 하기로 한 날, 내심 그 일이 두렵기도 하고 몸이 버틸지 걱정도 되었지만, 아침부터 정신없이 씻고 닦고 하니 어찌어찌 견딜 만하다. 마침 큰 공사를 마친 후 내부 청소라 인원이 많이 필요했고 그날은 십여 명이 같이 해야만 하는 일이었다. 민폐나 끼치지는 말아야겠다는 생각에 뒤도 안 보고 맡은 자리에서 땀으로 샤워를 하면서 일에 집중하니 벌써 휴식 시간이다.

함께 일하시던 그분들은 최소 경력이 5년, 오래 하신 분은 20여 년을 해왔다고 한다. 피로한 기색 하나 없다. 소위 청소의 달인들이다. 그분들이 지나간 자리는 내가 일 한 자리보다 광택이 다르다. 속도도 다르고 기술도 뛰어나다. 힘든 일임에도 힘들다는 티가 안 난다. 순간 부럽다. 한 직업으로 만 시간이면 장인 소리를 들을 수 있다는데 저분들은 과연 몇 시간일까? 손동작은 장인 그 이상이다.

"펜대나 잡고 머리 쓰실 분이 뭐 이런 일까지 하고 그러세요?"

"저도 나름대로 경력이 있습니다. 공장에서 일한 게 10년인데요. 뭐."

물론 관리자로 일한 경력이니 할 말은 없지만 나도 잘 할 수 있다는 말을 그렇게 해버렸다.

내가 "힘들지 않으세요?" 하고 물으니

"당연히 힘들죠. 그런데 마음은 편해요."라고 답한다.

그렇다. 이분들의 얼굴에서 나온 그 표정은 마음에서 우러나는 표정이었다. 머리 쓰는 일이 아니고 땀으로 결과를 보여주는 분들이다. 고민할 거리가 없다. 맡은 곳에서 열심히 쓸고 닦으면 그 결과는 깨끗함으로 나타나니 마음이 편하다는 의미인 것 같다.

나의 주변에는 몸은 편하지만, 마음이 불편한 일을 하는 사람들이 더 많다. 항상 얼굴이 어둡다. 다음날을 고민하고 스트레스에 파묻혀 산다. 일을 즐길 수 있는 위치들이 아니다. 왠지 비교되는 삶이다. 소득은 높지만 마음이 편치 않은 일이 있고 소득은 적지만 마음은 편한 일이 있다. 그들이 선택한 일은 소득은 적지만 사회에서 없어서는 안 되는 일이고, 열심히 일하지만 눈에는 잘 띄지 않는 그런 분들의 일이다.

우리가 살아가는 이 세상은 함께 사는 곳이다. 없어도 되는 일은 없다. 자기 자리에서 묵묵히 자기 일을 하며 평생을 살아가는 사람들이 많다. 마주칠 일이 없다고, 나랑 상관없다고 생각하는 그런 사람들 덕분에 이 사회가 돌아간다.

이분들은 말한다. "몸은 힘들어도 마음은 편해요."

콜라보(Collaboration)를 하기 위해 필요한 사람

어떤 일을 구상할 때 제일 먼저 머릿속에 떠오르는 사람이 있다. 그 일에 가장 적합한 사람이기 때문이다. 그래서 그 사람을 찾고 일을 맡긴다. 그렇지만 그는 그 일 말고는 잘하는 게 별로 없다. 아니 다른 일을 잘할 필요도 없고 관심도 없다. 그 일에 특화된 전문가다. 나도 그 일을 잘한다. 그 사람만큼 잘한다. 그런데 다른 것도 잘한다. 이것저것 다 잘한다. 하지만 사람들은 나를 떠올리진 않는다. 그냥 일 잘하는 사람으로 알고 있을 뿐이다.

모든 일을 잘하는 사람은 폭은 넓지만 어떤 일이든 선택받기 쉽지 않다. 어떤 분야의 전문가인지 불분명하다. 그런데 한 가지만 잘하는 사람은 폭은 좁지만, 그 일에서는 선택받기 쉽다. 그래서 그 분야의 전문가라고 한다. 모든 일을 전문가 수준으로 잘하는 사람은 당연히 없다. 잘하는 것처

171

럼 보일 뿐이다. 다 알고 있는 것처럼 보이지만 깊이가 깊지 않다. 남들처럼 평범하지는 않지만, 전문가는 아니다. 단지 자신도 다 알고 있다고 착각할 뿐이다.

한 가지 일에 특출난 사람을 우리는 전문가라 부른다. 스페셜리스트 (specialist)다. 우리 주변의 많은 일은 소위 전문가에 의해 생기고 만들어진다. 그런데 단 한 명의 전문가만으로 이루어지는 일은 그리 많지 않다. 각 분야의 전문가가 모여서 한가지의 프로젝트를 진행하는 일이 훨씬 많다. 마치 오케스트라 같다고 보면 된다. 각각의 전문가가 자기만의 악기로 음색을 만들어 낸다. 중요한 것은 서로 다른 악기의 음색을 조화롭게 할 것인가 하는 문제다.

그 문제를 해결할 수 있는 사람이 바로 지휘자다. 서로 다른 악기들의 강약을 조절하며 감정을 불어넣어 화려한 음악을 만들어 내는 역할이다. 지휘자가 없는 오케스트라는 존재하지 않는다. 반드시 있어야 한다. 어떤 프로젝트를 진행할 때 제일 먼저 뽑는 사람이 바로 지휘자의 역할을 하는 사람이다. 특정 분야의 전문성을 가진 사람을 뽑기도 하지만 그보다는 모든 분야를 이해하고 잘 알고 있는 사람을 뽑는다. 말 그대로 그 사람은 박학다식한 사람이다. 다양한 지식을 가지고 있고 그 지식을 서로 연결해 새로운 것을 만들어 내는 능력을 갖추고 있다.

그런 사람이 제너럴리스트(generalist)다. 수없이 많은 스페셜리스트가 있어도 그것을 통제할 제너럴리스트가 없으면 무용지물이다. 어떤 일이든 이런 제너럴리스트가 필요하다. 한 기업의 CEO일 수도 있고 특정 프로젝트의 팀장일 수도, 조립공정의 반장일 수도 있다. 이들이 바로 콜라보를 이끌어가는 사람들이다. 융합하고 지원하고 통제하는 방법에서는 달인들이다. 이 같은 전문성은 쉽게 얻어지지 않는다. 많은 경험과 노력이 뒷받침되어야 한다. 그 전문성을 인정받아 마땅하다.

하지만 새로운 일을 찾거나 제2의 인생을 살아야 할 때, 제너럴리스트로 살아온 사람들이 외면받는 일들을 가끔 본다. 제너럴리스트라는 것 자체가 '전문가'의 길을 걸어온 것인데 그 전문성을 인정받지 못하니 안타까울 뿐이다.

저 사람은 도대체 뭘 원하는 거야?

서로 대화를 하다 보면 차이가 보인다. 서로의 차이를 좁히는 것이 대화의 과정이다. 소통이기도 하다. 세일즈를 직업으로 하는 사람들은 말이 무기다. 청산유수다. 한참을 듣다 보면 그냥 빨려 들어가고 지금 안 사면 안될 것 같은 절박한 상황이 생겨버릴 정도니 그 수준이 대단하다. 물론 잘하는 세일즈맨이겠지만 어떤 세일즈맨을 만나도 초반에 단칼에 거절해버리지 않으면 그 뒷감당은 온전히 나의 몫이다.

그런 세일즈맨들도 힘들어하는 경우가 다반사다.

"도대체 저분은 뭘 원하는지 모르겠어요. 어떻게 해야 설득할 수 있죠?"

상품을 설명하는 실력은 전혀 문제가 없다. 그만큼 교육도 많이 받았고 노력도 했으니 흠잡을 곳 없이 완벽하다. 그런데 문제가 있으니 계약이 성사되지 않는 것이고 마무리가 어려울 수밖에 없다. 그럼 그 문제를 찾아야 한다. 대부분 세일즈맨과 상담을 해보면 핵심적으로 잡히는 공통점이 있다.

첫 번째는 대화 상대인 고객의 현재 상태에 대한 상황인식이 부족한 점이다. 그 이유는 질문보다는 말을 많이 하기 때문이다. 어떤 고객도 구매를 강요받기 싫어한다. 자신이 구매의 주체가 되고 싶어 하기 때문이다. 그 때문에 그 속사정을 알 수 있는 질문을 해야 한다. 그리고 대답을 주의 깊게 들어보자. 그러면 알 수 있는 것이 현재 고객의 상태다.

두 번째는 고객이 바라는 상태에 대한 파악이다. 고객은 자신의 현재 상황에 비추어 보며 물건을 고르려고 한다. 그러면서 원하는 것에 대한 접점을 찾으려 한다. 그렇기 때문에 고객과 대화를 하면서 고객이 바라는 상태를 빨리 찾아내야 한다.

고객의 현재 상태와 바라는 상태, 바로 이 두 가지가 핵심이다. 이 두 가지의 차이가 고객의 문제고 그 문제만 해결해주면 고객은 자연스럽게 선택을 하게 된다. 우리는 그 문제라는 것을 고객의 니즈라 부른다. 니즈를 해결해주는 과정을 컨설팅이라고 한다.

이런 방법은 세일즈에서만 국한되는 이야기가 아니다. 대화해야만 하는 모든 사람과의 관계에서도 이런 문제를 인식하고 그것에 맞게 상황을 전개해 나가면 대화가 매우 순조롭다. 상대가 원하는 것과 현재의 상태만 알 수 있으면 된다. 그것이 대화의 기술이다.

대화를 이끄는 방법은 말을 많이 하는 것이 아니라 질문을 잘하는 것이다. 그래야 니즈가 보이고 그 니즈에 적합한 해결안을 이야기해주는 대화의 주체가 될 수 있다. 칼의 손잡이를 잡아야지 칼날을 잡으면 안 된다는 말이다.

아직도 배울 게 남아 있다면
할 수 있는 일이 남아 있다는 증거다

어쩔 수 없는 환경에서 아무런 준비 없이 다니던 직장을 관둬야 하는 경우가 생긴다면 그만큼 막막한 일도 없다. 딸린 식구들 생각하면 아찔한 순간이다. 뭔가 다시 해야 하는 데 희망보나는 두려움이 앞선다. 아이들이 독립하려면 아직 많은 시간이 남았으니 들어가는 돈도 만만치 않다. 퇴직금으로는 얼마나 버틸지 걱정이다. 지금까지 해왔던 일을 계속할 기회라도 있으면 좋겠지만 부담스러운 나이에 오라고 손짓하는 곳도 없다.

같은 입장의 사람들은 음식점을 개업한다, 온라인 쇼핑몰을 한다, 하면서 제2의 인생을 위한 도전을 한다고 개업 문자를 날리는데 난 돈도 없거니와 새로운 것에 대한 두려움 때문에 선뜻 도전하기가 힘들다. 그들이 마냥 부러울 뿐이다. 시간은 흘러가고 모아둔 돈과 퇴직금은 점점 사라지고 진퇴양난이다. 할 수 있는 일을 찾아보지만 쉽지 않다. 나 아니면 안 된다던 지금까지의 회사 생활과 경험이 마치 무용지물인 것처럼 보이니 자책감이 밀려온다.

우리나라에서 고용이 안정되지 않은 건 이미 오래된 얘기다. 그러니 당연히 이런 일은 누구에게나 일어날 수 있는 일이다. '나만 아니면 돼'라고 할 수 있는 것이 아니다. 그렇다면 할 수 있는 일을 찾아야 하는 것만이 해결책이다. 가장 잘하는 일을 찾는 게 아니다. 어떤 일이든 회사에서 하던 일 정도는 나보다 잘하는 사람이 차고 넘친다. 인정할 건 인정하면 된다. 자신의 나이에 자신이 선택할 수 있는 일은 자신과 타협해야 한다. 자존심의 문제도, 능력의 문제도 아니다. 사회가 당신에게 그러길 바라기 때문이다.

고개를 숙여 눈높이를 낮춰야 하고 배우는 자세가 필요하다. 지금까지의 나의 지식과 경험은 어느 순간 쓸 곳이 없어질 수도 있고 가치가 사라질 수도 있다. 새로운 일을 새롭게 배우고 익혀야 다음을 기약할 수 있다. 배우면 어쨌든 새로운 일은 존재한다. 그 일을 받아들이느냐 아니냐 하는 문제는 눈높이로 조절하면 된다. 예전에 증권사 지점장인 지인이 매주 포크레인 자격증을 따기 위해서 애쓰는 모습을 본 적이 있다.

"지점장님께서 그렇게 어려운 걸 왜 배우려 하세요?"

"앞으로 몇 년이나 더 근무할 수 있을지 모르겠는데 뭐라도 배워야 할 것 같아서,"

그분은 다음 해에 명예퇴직을 해야 했고 지금은 조그만 시골에서 포크레인 운전을 하며 제2의 인생을 지내고 있다. 그분의 경우는 자신의 미래를 미리 준비하고 미리 눈높이 낮춰 배움의 시간에 투자했기 때문에 가능했다. 이런 모습이 정답이 아닐까?

배운다는 것은 할 수 있는 일이 아직 남아있다는 것이다.

Part 4.
라떼의소확행 이야기

난 아이에게 경험과 자신감을 주고 싶다

가끔 앨범을 들여다보면 어린아이 시절 사진이 대부분이다. 나도 그렇고 내 아이도 마찬가지이다. 아주 어릴 때는 일상 속에서 순간을 찍은 사진도 많지만 커갈수록 특별한 이벤트가 있을 때 찍은 사진들이 대부분이다. 특히, 가족끼리 휴가로 여행을 갔을 때의 사진들이다. 나도 내 아이가 어릴 때는 이것저것 경험해주고 싶어서 여행을 많이 데리고 다녔던 것 같다. 길 위에서의 만남이 좋은 경험이 되어줄 거라고 생각했기 때문이었다. 하지만 아이가 커가면서 점점 함께할 시간이 줄어들다 보니 여행은 달나라 가는 것만큼이나 어려운 일이 되어버렸다. 그렇게 시간이 흘러 어느새 아이는 사춘기가 되었다. 그 시절 아이는 운동만 하면서 공부와는 담쌓고 지내게 되었고 그로 인해 학업만이 아니라 사람을 대할 때도 자신감이 없어지고 주눅이 드는 게 눈에 보였다. 어떻게 하면 자신감을 줄 수 있을까 고민하다가 해외여행을 데리고 가기로 했다.

해외여행을 해본 사람과 안 해본 사람은 삶에 대한 태도가 다르다. 특히, 가이드만 따라다니는 패키지여행보다는 자유여행을 한 번이라도 해보게 되면 순간순간의 변화에 대처하는 자세나 자신감이 다를 수밖에 없다. 공부를 잘하지 못할 바에는 사회생활을 유연하게 해낼 수 있도록 여러 경험을 하도록 도와주는 것이 부모의 역할이라는 생각을 하고 있었다. 더구나 가장의 역할을 해야 하는 남자애이기 때문에 더욱더 뒤처지게 하고 싶지 않았다. 처음엔 언어도 모르고 자신 없다고 손사래를 치며 거부했다. 하지만 녀석이 좋아하는 일본 만화인 원피스를 들먹이며 도쿄의 원피스 타워에 대한 얘기를 하면서 열심히 설득했더니 결국 같이 가는 데 동의했다. 자유여행이었기 때문에 인터넷 검색해서 비행기와 호텔을 예약하고 가고 싶은 곳 미리 할인쿠폰 챙기고 일정 짜고 교통권 사용 등 미리 알아야 할 내용 숙지 후 아이와 함께 여행길에 올랐다.

남들은 내가 해외여행도 자주 했고 자유여행도 종종 간다고 하면 굉장히 영어를 잘할 거로 생각한다. 하지만 난 영어 회화는 배워본 적도 없고 아는 영어 단어 몇 개로 손짓·발짓을 연결해 표현하는 게 전부이다. 다만 나는 낯선 사람이나 장소에 대한 두려움이 별로 없다는 것이 남들과 다른 점이다. 아들과 함께한 일본 여행도 마찬가지였다. 미리 정보는 파악했지만, 일본어는 전혀 모르고 간단한 영어 단어와 손짓 발짓으로 여행을 했다. 하루는 식당에서 주문하는데 자꾸 의사소통이 힘들어 난감해하고 있었는데 아들이 일어로 몇 마디를 하면서 통역을 해주었다. 내가 놀라서 아들을 봤더니 살짝 쑥스러운 듯이 일본 만화영화에서 듣던 단어라서 알아들었다고 별거 아니라는 듯이 말하는 거였다. 그런 일이 몇 번 반복되더니 아들은 나에게 자기 혼자서도 충분히 여행하다가 한국으로 갈 수 있겠다고 자신 있게 말했다. 결국 자신감을 주기 위한 나의 목적은 이 여행을 통해서 충분히 이루어졌다.

경험과 자신감은 물려주고 싶다고 해서 물려줄 수 있는 물건이 아니다. 하지만 여러 가지 시도를 통해서 자녀와의 시간에 집중한다면 충분히 가능하다고 생각한다. 지금 생각해보면 대학을 졸업하고 20대 중반 여자의 몸으로 유럽 여행을 가겠다고 했을 때 부모님은 얼마나 걱정을 하셨을까 싶다. 처음엔 반대도 하셨지만 결국 허락하시고 돌아올 때까지 기도하며 기다려 주신 부모님께 감사드린다. 마음으로 응원해준 부모님이 아니었다면 아마 난 인생에서 경험할 수 있는 많은 부분을 놓쳤을지도 모른다.

나도 내 부모처럼 자녀의 새로운 도전을 응원해 줄 수 있는 부모가 되고 싶다.

팬이 된다는 건 또 다른 나를 만든다

뉴욕타임스는 '한국에서는 비정치적이고 상업적인 K팝 문화가 미국에서는 하위문화로 자리 잡으며 정치적 양극화가 심화한 시기에 영향력을 발휘하고 있다'는 K팝 관련 기사를 냈다. '트럼프 유세 흥행 실패에 영향 미친 K팝'이라는 뉴스도 있었다. 우리나라의 팬들은 스타를 위한 기부나 사회활동은 하지만 정치적 활동을 하지는 않는다. 하지만, 미국의 K팝 팬들은 아이돌 팬덤 활동을 통해 키운 응집력과 인터넷 전투력으로 정치 활동에도 영향력을 발휘하기 시작했고, 무시할 수 없는 하위문화로 성장하고 있다. 예전엔 그저 스타를 좋아하는 마음만 표현했지만, 이젠 스타의 이미지 확보를 위한 봉사활동, 기부 등 여러 사회활동을 하더니 심지어 미국의 경우, 정치 활동까지 하고 있다. 앞으로는 어떤 변화를 가져올지 그 변화의 다양성이 궁금하다.

팬 활동, 오덕후, 사생팬 등 팬 활동을 하는 것에 대한 부정적 인식도 많았지만, 지금의 팬들은 자신들이 응원하는 스타를 위해서 여러 가지 긍정적인 활동을 하고 있다. 나 또한 '그렇게 연예인이 좋을까?', '좋더라도 저런 행동까지 하게 되나'라는 의문을 품지 않았던 것은 아니다. 그리고 그런 사람들은 나와는 다른 사람들이라는 편견도 있었다. 그런데, 나도 누군가의 팬이 되어보니 조금씩 그 모습들이 이해되기 시작한다. 나의 삶도 달라지고 나도 달라지기 시작했다.

'팬심은 진심이다.'라는 라디오에서 들린 DJ의 말에 순간적으로 가슴 깊이 공감했다. 살면서 누군가를 좋아하고 그 사람이 잘 되기를 바라고 응원하는 시간은 있을 수 있다. 하지만 그들은 아마도 가족이거나 친구, 혹은 생활하면서 서로 알고 지내는 사람들이 대부분이었다. 내가 누구인지도 모르는 낯선 사람을 좋아하는 것은 감정 소모가 되는 쓸데없는 일이라고 생각했었다. 그런데 내가 누군가의 팬이 되면서, 비록 날 모르는 낯선 사람이지만 그를 좋아하고 그가 잘 되기를 바라며 응원하는 일은 상상하는 것보다 훨씬 행복한 감정을 준다는 것을 알게 되었다. 사랑은 받을 때 보다 줄 때 행복하다고 한다. 정말 행복하다. 그래서 한 번쯤 경험해보라고 권하고 싶다.

그리고 함께 할 동지가 있으면 좋다. 좋아하는 사람에 대해서 함께 이야기하고 활동을 같이하면서 누리는 행복감은 생각보다 더 크다. 그런 동지가 친구라면 더욱 좋다. 친구들은 비슷한 관심사와 공통점을 가진 경우가 많아 '유유상종'이라는 말이 잘 어울린다. 그렇기 때문에 같은 스타를 좋아할 확률이 높다. 용기를 내어 얘기해보면 같은 마음인 것을 때로는 발견할 수 있다. 혹여 그렇지 않더라도 온라인을 통해서도 충분히 동지가 될 수 있다. 그들은 전혀 모르던 문화, 단어, 행동. 스마트폰을 가지고 있어도 관심도 없고 해보지도 않았던 기능들을 배울 수 있게 도와준다. 그들과 함께하는 시간이 소소한 일상으로 활력이 되는 시간이다.

누군가를 미워하고 증오하는 삶은 지옥이라고 한다. 그럼 누군가를 사랑하고 응원하는 삶은 천국이 아닐까? 천국을 경험하는 시간을 가질 수 있도록 누군가의 팬이 되어보자.

즐거운 일은 더 집중하게 된다

아이가 어릴 때는 잠들기 전에 옛날이야기를 참 많이 해주었다. 명절 때 조카들이 왔을 때도 마찬가지였다. 조카들을 한 방에 몰아놓고 내 맘대로 싱싱한 이야기를 들려주곤 했다. 애들은 계속 "그래서요", "그래서요" 하면서 반짝반짝 눈빛을 빛내면서 듣다가 잠이 들곤 했다. 물론, 다음날이면 애들도 나도 내용을 기억하지 못한다. 그러면 어떤가, 어느 날 그때 즐거웠던 추억으로 기억해 주기만 한다면 말이다.

이야기를 좋아해서 소설, 영화, 드라마 등 서사가 있는 매체이면 무조건 좋아한다. 예능도 서사가 있기만 하면 좋아한다. 이야기를 읽고 보는 것만 좋아하는 것이 아니라 말하는 것도 좋아한다. 학창 시절에는 학교 내에서 이야기 할머니라는 별명으로 유명했었다. 선생님들까지도 시험 기간 끝나고 수업을 좀 여유 있게 해도 될 때면 나한테 영화 이야기 한번 해보라고 시킬 정도였으니까 말이다.

처음엔 도대체 왜 내 이야기를 재미있어하는 건지 이해가 안 되었다. 줄거리를 잘 기억하고 얘기해줘서 그런가? 아니면 이야기를 이해하는 게 빨라서 쉽게 이해시키면서 얘기해 주니까 좋아하나? 그냥 얘기만 해주면 좋아하는 걸까? 여러 가지 생각이 들었는데 지금은 다른 사람과 나의 차이점을 안다. 난, 이야기를 마치 눈앞에 그리듯이 얘기를 해준다. 쉽게 말하면 말의 속도, 소리의 강약, 분위기까지 조정하면서 마치 연기하듯이 얘기를 해주니까 이야기에 스며드는 긴장감을 느끼게 되는 거다. 친구들은 내 얘기를 들을 때 마치 눈앞에서 화면을 보는 것 같은 기분을 가지기 때문에 재미있었다고 했다.

원래 내 성격상 감정이입도 좀 잘하는 편이고, 남들보다는 좀 집중력이 좋다는 게 이런 차이를 갖게 했다고 생각한다. 공부할 때도 집중력이 좋았으니 재미있는 걸 볼 때는 집중력이 더 심하게 높다. 예전에 그런 적이 있었다. 한창 공부해야 하는 때인 고3 때 엄마가 날 공부시키기 위해서 내 방에서 새벽까지 옆에 앉으셔서 성경책을 읽곤 하셨다. 난 체력이 안 좋아서 12시만 되면 꾸벅꾸벅 졸다가 혼나곤 했었는데, 어느 날 엄마가 그냥 푹 자라고 하는 거다. 포기하셨나 하는 마음도 들고 괜히 눈치가 보여서 왜 그러시냐고 했더니

"네가 정말 집중력이 좋더라. 며칠 전 독서실에 엄마가 너 데리러 간 적 있었잖아."

"그랬죠. 근데 그게 왜요?"

"내가 독서실에 들어갔는데 네 주변의 애들은 엄마를 보느라고 다들 두리번거리면서 수군거렸는데 넌 내가 옆에 서 있는지 몇십분이 지나도록

책에서 고개를 들지도 않더라. 너 그때 엄마가 건들기 전까지 엄마 온 지도 몰랐지?"

"아, 그랬구나. 몰랐네."

그 이후부터 엄마는 알아서 공부하겠거니 하고 그냥 나를 인정해주셨다.

드라마를 볼 때는 더하다. 주변에서 가족들이 뭐라고 말을 해도 내 귀에는 안 들린다. 뭔가 윙윙거리긴 하는데 그 말이 내 머리까지 전달이 되지 않는 거다. 그래서 지금은 내가 무언가 집중해서 볼 때는 아예 말을 걸지도 않는다. 그렇게 집중해서 보게 되니 머릿속에 장면부터 대사까지 선명하게 남게 되고 등장인물에 몰입이 되니 더 선명하게 마음에 남곤 했다. 그래서 그 마음과 기억을 상대방에게 전달하려고 애쓰다 보니 아마도 내 얘기를 더 재미있게 느끼는 것 같다.

다행스러운 건 나의 이런 이야기 습관이 내 직업에도 도움이 된다는 점이다. 강의할 때 지식이나 정보를 전달하건 아니면 예시를 들면서 동기부여를 시키건 내 이야기에 확 집중하게 할 수 있으니까 말이다. 좋아하는 것에 집중하는 만큼 내가 해야 할 일에 집중한다면 어떤 일이든 좋은 결과가 있을 수 있다. 이젠 어느새 퇴직에 가까운 나이가 되어버렸는데 그동안 뭔가 좋아해서 집중했던 일이 있다면 그것이 또 다른 인생의 기회를 줄 수도 있다. 어떤 일이건 항상 즐거운 마음으로 최선을 다해보자. 그리고 기회가 왔을 때 도전해보자. 해보면 후회를 덜 하게 되리라고 믿는다.

공부하는 걸 좋아하나 봐요?

절대 그럴 리 없다. 과연 공부를 좋아하는 사람이 몇이나 될까? 나는 책 보는 건 좋아하지만 공부를 좋아하지는 않는다. 더구나 시험까지 요구하는 공부는 더더욱 힘들고 싫다. 하지만 하나의 직업으로 평생 살아갈 수 있는 전문직이 아니라서 상황에 따라 직업을 바꿔야 했다. 그리고 그럴 때마다 직무상 필요한 공부를 해야만 했다. 그렇게 필요한 공부를 하다가 우연히 그 직업에서 원하는 목표가 생겼고 그 목표를 이루기 위한 자격증 공부를 했었다.

결혼하기 전과 후에 생긴 가장 큰 변화가 무엇일까? 여자로서의 내 입장을 말한다면 다 바뀌었다고 말할 수 있다. 하지만 그중 가장 큰 변화는 내 마음가짐이었다. 어떤 걸 하더라도 남편이 우선이고 내가 하고 싶은 것을 내세우면 안 된다는 마음, 아무도 강요하지 않았는데도 그런 마음이 있었다. 그래서 내가 하고 싶은 것을 생각조차 하지 않으면서 지냈다. 그런데 일을 하면서 목표가 생기고 그 목표를 이루기 위해서는 자격증도 있어야 했고 자격증을 따기 위해서는 주말에 따로 시간을 내서 공부해야 했다. 그땐 아이가 초등학교를 막 입학했었고 시어머니도 모시고 살고 있었는데 그런 와중에 주중엔 일하고 주말까지 자격증을 따기 위해서 공부하겠다는 나를 남편 입장에서는 이해 못 하는 상황이었다.

엄청난 반대와 다툼에도 불구하고 내 인생의 마지막 공부라 생각하고 남편을 설득해 결국 주말이라는 시간을 허락받았고 결국 그 자격증을 취득할 수 있었다. 그것을 시작으로 나는 내가 원하던 방향의 일들을 할 수 있었다. 어릴 때는 대학 졸업을 하면 공부할 일은 없으리라 생각했다. 그때는 80세까지 살면 정말 오래 산다고 생각하던 때였다. 그런데 이제는 100세 아니 120, 140세라는 말도 나오는 시대가 되어 버렸다. 마치, 100m인 줄 알고 달리고 있었는데 결승선이 계속 연장되는 기분이다. 연장되더라도 멈출 수는 없으니 달리지 못하면 걷기라도 하자. 어쩔 수 없이 가야만 하는 길이라면 받아들이고 자신의 힘으로 헤쳐나가야 한다. 그러기 위해서 끊임없이 배우고 익혀야 한다. 하다못해 취미생활을 하기 위해서라도 무언가를 배워야 한다. 사진, 낚시, 캠핑, SNS 등 이제는 배우지 않고는 할 수 없다. 공부하기를 좋아하는 사람은 없다. 다만 필요하기 때문에 할 뿐이다. 필요해서 하는 공부는 생각보다 즐겁다.

배우고 공부하는 부모의 모습이 나쁘게 보일 리가 없다. 자식에게 의지하기보다는 자식이 의지할 수 있는 부모가 되고 싶다. 젊은 세대보다 습득이 늦어도 함께 배워가자. 아니 배우는 것이 아니라 더 알아가는 것이다. 그러면 서로 더 많이 이해하고 공감하는 삶을 살 수 있지 않을까?

나는 피터팬, 내 아이는 디지몬

30이라는 나이는 음악이나 시의 소재로 많이 쓰인다. 그런데 왜 30이라는 나이가 시와 노래로 표현될 만큼 특별하게 다가오는 걸까? 청춘에서 점점 더 멀어져가는 현실은 그 자리에 머물러 있기 바라는 마음을 더 아리게 한다. 어른이 된다는 것은 현실과 이상이 다르고 이제는 현실 속에서 살아가야 한다는 걸 절감하며 느끼게 해주는 시점이기 때문이다.

이렇게 인생의 전환점을 느끼게 해주는 매체가 때로는 노래이기도 하고 때로는 책이기도 하다. 나의 경우는 책이었다. 특히, 어린이와 어른은 다르다는 걸 알려준 책은 '피터팬'이었다. 내게 영향을 준 책이었음에도 불구하고 생각해보면 난 내 아이에게 '피터팬'을 읽어준 적도 읽어보라고 권해준 적도 없었다. 물론 만화 또는 영화로도 있었으니까 볼 수도 있었겠지만 특별하게 권한 적은 없었다.

그런데 요즘 아이들은 참 다른 방식으로 삶을 배우고 있다는 생각이 든다. 얼마 전 아침에 아들이 심각한 얼굴로 방에 들어와 디지몬의 엔딩을 말했다.

"끝난다고? 이제 정말 안 나오는 거야?"

"네, 주인공들이 이제 어른이 되기 때문에 디지몬과 헤어져야 한대요. 마지막 에피소드가 영화로 개봉했어요."

아이가 보여주는 영상으로 디지몬에 대해 얘기를 하면서 참 여러 가지 생각이 들었다. 우리 세대와는 다르게 책이 아니라 만화를 통해서 어른이 되어 간다는 걸 배우는구나. 게다가 그 만화와 함께 성장했기 때문에 같은 경험을 공유하고 그 또래들과 서로의 충격을 나누고 감정을 나누고 때로는 증폭시키고 아마도 소화하고 있구나. 과연 이것이 성장에 어떤 영향을 줄지는 아직은 알 수 없지만, 우리보다는 공동체 의식을 좀 더 느끼며 행동하고 공감하는 데는 이런 이유도 있지 않을까 생각한다.

사실 아이가 어릴 때 맨날 핸드폰 가지고 놀면서 동영상 보고 게임하고 하는 걸 못마땅해서 핸드폰을 뺏기도 하고 잔소리도 했었다. 그런데 그렇게 보던 동영상의 영향력이 커짐에 따라서 그와 관련된 새로운 직업들이 생길 뿐만 아니라 앱, 동영상 스트리밍 등 관련 산업이 확장되는 걸 보면서 지금은 정말 다른 세상이고 내가 살아왔던 경험대로 자녀에게 강요를 하면 안된다는 걸 다시 한번 느끼고 있다.

예전엔 '개천에서 용이 난다.'라는 말처럼 실제 현실로 이루어지기도 했다. 그 얘기는 그 시절엔 그래도 기회가 지금보다는 더 많이 주어지고 공정했다는 증거일 수 있다. 그런데 지금은 '금수저, 흙수저'라는 신조어가 생길 정도로 기회의 공정성이 없는 시대라는 것이 속상하고 슬프다. 그래서 분노하는 포인트가 다르고 행동하는 지점이 다르다는 것을 '꼰대, 라떼'라고 불리는 우리가 먼저 인정해야 한다.

'피터팬'과 '디지몬'이 다르듯이 우리 세대와 자녀 세대는 다를 수밖에 없다는 것을 오래 살아온 우리가 먼저 받아들여야 하지않을까?

여행은 실천해야 추억이 된다

누군가가 당신에게 "모든 상황과 여건이 허락된다면 하고 싶은 것이 무엇입니까?"라고 묻는다면 뭐라고 대답하겠는가? 각자 꿈꾸었던 버킷리스트 등 다양한 답변들이 있을 수 있겠지만 그 중 빠지지 않는 하나가 바로 해외여행일 것이다. 2019년 KOSIS 포털에 의하면 우리나라 국민 중 30%가 해외여행 경험이 있으며 인당 평균 1.6회 정도 간다고 한다. 게다가 우리나라의 1/2에 해당하는 인구가 매년 해외여행을 한다고 하는데, 이 두 통계를 분석해보면 해외여행을 하는 사람은 계속하고, 그렇지 않은 경우는 아직 시도도 못 해보고 있다는 것을 알 수 있다.

누구나 꿈꾸고 하고 싶어 하는 일인데도 왜 막상 실천하는 사람은 많지 않을까? 그 이유는 아마도 낯선 곳에 대한 불안감이나 사람에 대한 두려움 때문일 것이다. 언어도 다르고 문화도 다른 곳에서 혹시 모르는 상황이 발생했을 때 제대로 대처하지 못하거나 더 안 좋은 상황이 될 수도 있다는 생각과 두려움이 회피하는 행동으로 나타나는 것이다. 그리고 시간과 돈, 함께 여행하는 동반인 이 세 가지를 맞추는 게 어렵다는 것도 막상 실천하지 못하는 이유 중 하나라고 볼 수 있다.

하지만 조금만 두려움을 떨치고 상황에 맞게 계획을 세우면 다양한 여행을 경험할 수 있다. 혼자서 자유여행을 하거나 여럿이 쉽게 갈 수 있는 패키지여행을 가고, 때로는 친구, 가족과 업무상 출장 겸 여행을 할 수도 있다.

난 어릴 때부터 하고 싶은 것이 있으면 하는 성격이었다. 같이 할 수 있으면 더 좋겠지만 상황이 안되면 혼자라도 했었다. 친구들과 영화를 보러 갈 때도 보고 싶은 영화가 같으면 함께 봤었지만 때때로 따로 보고 싶은 것이 있으면 영화관은 같이 들어가되 나만 친구들과 다른 영화를 보곤 했었다. 처음엔 친구들도 내가 맘이 상해서 그런 것이 아닌가? 하는 생각을 했었지만 원래 그런 성향이라는 것을 알고 나서는 편안하게 인정해주며 함께 시간을 보내곤 했다.

그래서 그런지 여행에서도 혼자 가는 것을 특별하게 두려워해 본 적은 없다. 혼자 자유여행을 간 적도 있고, 때로는 패키지여행에 나 혼자 간 적도 있다. 나름 '따로 또 같이'의 즐거움을 누렸다고 할 수 있다. 물론, 외로움과 불편이 있기도 하다. 그러나 무슨 상관이 있는가? 무엇이 되었든 떠나기만 한다면 그 여행은 추억이 되고 힘들 때 미소 지을 수 있는 기억이 될 테니까 말이다.

친절을 받아들이는 것도 용기이다

예전에 TV에서 봤던 실험이 있었다. 부모와 자녀의 정서적인 소통을 이해할 수 있는 호르몬에 대한 실험이었다. 기억나는 사례는 각각 자신의 자녀들을 데리고 재혼한 가정이었다. 서로 한 가족으로 살기 위해서 여러 가지 노력을 하는 가정이었는데 특히 부인의 경우는 잠을 잘 때 자신의 자녀는 벽 쪽에 두고 남편의 아이를 품에 안고 자곤 했다. 그런데 놀랍게도 엄마에게서 나오는 호르몬이 품에 안고 있는 남편의 아이가 아니라 저 멀리 벽 쪽에 있는 자신의 아이에게 전달되는 거였다. 물론, 이미 시간이 흘러서 두 자녀 다 자신의 아이처럼 받아들이고 사랑하게 된 후에는 둘 모두에게 호르몬이 전달되는 것을 볼 수 있었고 내게는 참 기억에 남는 실험 장면이었다.

만약 살면서 만나는 모든 사람을 믿고 사는 삶과 모든 사람을 의심하는 삶 중 선택해야 한다면 모든 사람을 믿는 삶을 선택할 것이다. 물론, 살아가면서 '믿는 도끼에 발등 찍힌다'는 말처럼 누군가에게 배신을 당할 수도 있고 상처를 받을 수도 있다. 하지만 그렇다고 해도 사람에 대한 믿음을 잃지는 않고 싶다. 왜냐하면 내 감정을 상대방도 느끼고 안다고 생각하기 때문이다. 입장을 바꿔서 누군가가 내 말과 행동을 계속 의심하고 부정적인 마음으로 대한다면 나도 그 사람에 대해서 부정적인 마음을 갖게 되고 관계를 유지하려 하지 않을 것이다.

유럽으로 배낭여행을 갔을 때의 일이다. 동행을 약속한 친구의 상황이 여의치 않아서 결국 어쩔 수 없이 혼자 가야만 했다. 그때 나름 원칙으로 정했던 것이 있다. 저녁 이후에 혼자 길거리를 돌아다니는 위험한 행동은 하지 말자. 하지만 말은 안 통해도 감정은 서로 전달되고 느낄 수 있으니 상대방에 대해서 먼저 믿고 호감을 느끼자는 것이었다. 말 그대로 조심은 하되 사람은 한 번 믿어보자는 어린 나이의 배짱이었다.

하루는 스코틀랜드에서 20kg짜리 배낭을 메고 숙소를 찾고 있었다. 지금처럼 구글 지도가 있던 시대가 아니라 영어로 되어있는 종이지도에 의지해서 주변 사람들에게 손짓, 발짓하며 찾아가고 있었다. 몇 시간 동안 길을 헤매다가 지쳐서 터벅터벅 걷고 있었는데 옆을 지나가던 차가 클랙슨을 울리며 세웠다. 그리고 창문을 내리며 내가 찾던 숙소 이름을 대면서 그곳으로 간다면 차에 타라고 말하는 거였다. 나는 너무 반갑고 고마워서 차 문을 벌컥 열고 탔다. 그런데 도리어 운전자가 당황하면서 자기는 나쁜 사람이 아니고 정말로 그 숙소를 알기 때문에 태워주는 거라고 말하면서 걱정하지 말라고 말을 하는 게 아닌가? 난 웃으며 고맙다고 얘기했다.

나중에 알고 보니 그 사람도 그 숙소를 찾던 영국 남부출신의 여행객이었고 길에서 지나 가면서 길을 헤매던 나를 봤다고 했다. 내가 다른 곳도 아니고 그 숙소로 가는 건 어떻게 알고 말을 걸었을까? 그는 숙소를 먼저 찾아서 짐을 내려놓고 들어오는 여행객들을 봤었는데 내가 계속 오지 않았고 걱정이 되는 마음에 혹시나 해서 차를 가지고 나를 데리러 온 거였다. 착한 사람은 어느 나라 사람이나 그 마음 씀씀이가 같다는 생각이 든다. 그 마음이 얼마나 고맙던지 나중에 정말 감사하다고 다시 한번 인사를 했다.

어떤 사람들은 큰일 날 뻔했다며 운이 좋았을 뿐이라고 얘기하는 사람들도 있다. 물론 나도 내가 운이 좋았다고 생각한다. 하지만 난 차를 세워서 나를 본 그 사람의 눈을 기억한다. 말은 제대로 알아들을 수 없었지만 나를 염려하며 도와주고 싶어 하는 눈빛이었다. 만약 내가 그 사람의 마음을 의심하고 거부했다면 아마도 그 사람은 다른 사람들에게 쉽게 친절을 베풀지 않겠다고 생각했을 수 있다. 일반적으로 생각하면 그런 친절을 베풀어도 분명 색안경을 끼고 거부할 우려가 많으니까 말이다. 그 사람도 가지 말까 하는 마음도 있었다고 했다. 그래도 혹시 위험할 수 있으니 한 번 가보자고 생각해서 왔고, 웃으며 친절을 받아들인 나를 보고 자신도 기뻤다고 얘기했다.

만약 내가 그 친절을 받아들이지 않았다면 그날이 나에게 어떻게 기억될지는 알 수 없는 일이다. 사랑도 받은 사람이 줄 수 있다는 말처럼 상대방의 친절을 받아들이는 것도 용기이다. 감정은 서로 전달되고 느껴진다고 믿기 때문에 의심보다는 믿음으로, 부정보다는 긍정으로 상대방을 대해야 한다고 난 여전히 믿는다.

김치가 너무 먹고 싶어요

　그 순간에는 아무리 특별하고 즐거웠다고는 해도 시간이 흐르면 기억은 흐려진다. 그런데 추억은 시간이 흐를수록 더 선명해진다. 그래서 많은 기억보다는 소중한 추억을 더 많이 만들고 싶다. 일상 속에서도 멋진 추억이 존재할 수 있지만, 대부분의 사람은 새로운 추억을 만들기 위해서 때때로 길을 떠난다. 영화나 드라마로 익숙해서일까? 여행을 떠나면 자동으로 추억이 생길 것이라고 기대하는 사람들이 있다. 그런데 막상 여행을 떠나면 풍경만 바뀌었을 뿐 특별한 추억이 생기지 않는 경우가 많다. 물론, 바뀐 풍경 자체가 추억이기는 하다. 하지만 새로운 사람과의 혹은 새로운 장소에서의 추억을 원한다면 노력이 필요하다. 세상에 공짜는 없다. 아무리 작은 것이라도 쉽게 주어지지는 않는다.

　나이가 들어갈수록 새로운 것을 시도하는 일이 어려워진다. 하다못해 새로운 음식도 별로 먹고 싶지가 않다. 어릴 때는 친구들과 돈을 모아서 한 달에 한 번씩 프랑스, 이태리, 동남아 음식 등 유명한 음식점을 찾아가서 먹기도 했었다. 이왕이면 레스토랑도 코스 음식을 먹을 수 있는 곳으로 가서 음식 예절을 지배인에게 물어보면서 배웠다. 아마 호기심도 많고 할 수 있는 모든 걸 누려보고 싶다는 생각이 많아서였을 거다. 90년대 초 대중적인 패밀리레스토랑이 들어오기 시작했을 때도 역시 호기심 넘치는 친구들과 종종 가보았다. 솔직히 음식 맛은 그리 새롭지 않았었지만 신선하고 색다르게 느껴진 건 칵테일이었다. 그래서 무알코올 등 여러 칵테일을 친구들과 마셔보고, 술이긴 하지만 별로 술 같지 않게 즐기는 장소로 많이 애용했었다.

술은 잘 못 하지만 분위기는 좋아했고, 많이 마시지 못하니까 다양한 종류의 술을 경험하고 싶었다. 나에게는 참으로 다양한 술에 대한 지식과 흥취를 경험할 수 있었던 시간이었다. 이 시간과 경험이 때로는 낯선 이를 처음 만날 때 혹은 제자나 후배들과 시간을 보낼 때 그들에게 색다른 추억을 선사해주는 기회가 되기도 했다. 세상에 그 어떤 경험도 쓸데없는 것은 없다. 그 안에서 무언가를 배울 수 있고 활용할 수만 있다면 말이다. 그러기 위해서는 즐길 수 있는 적극적인 에너지가 필요하다.

여행도 마찬가지이다. 유럽 배낭여행은 정말 많은 사건과 추억을 담을 수 있었다. 물론, 혼자였기 때문에 여러 가지 일들이 있었을 수도 있다. 그러나 혼자 여행을 하는 모든 사람이 그렇지는 않다. 여행지에서 새로운 사람도 만나고 추억을 만들기 위해서는 한 걸음 더 내디디고 손을 내밀 수 있는 용기가 필요하다. 새로운 사람과 대화하고 사귀는 데 주저하지 않아야 하고 남들이 날 알아주기 전에 내가 먼저 남들을 알아주어야 한다. 세상엔 선한 사람들이 많다. 도움을 요청했을 때 기뻐하고 기꺼이 도움의 손길을 내밀어 준다.

스위스에서 만났던 한 가족이 기억난다. 배낭여행이 보름이 지났을 때라 한식도 너무 먹고 싶고 한국 사람도 아주 그리웠다. 기차를 타고 스위스로 가던 중 한 동양 꼬마 아이가 공을 놓쳐서 내 자리 앞으로 뛰어왔다. 공을 집어주면서 혹시 한국인인가 궁금하기도 해서 "공, 여기 있어" 하면서 한국말로 말을 걸었다. 그 아이를 따라온 엄마가 "어머, 한국인이세요?" 하면서 말을 걸어왔다. 우연히 만난 한국인이라 얼마나 반갑던지, 기쁜 마음에 인사와 함께 이런저런 얘기를 하다가 스위스 제네바에서 산다는 말을 듣고 나도 모르게 말하고 말았다.

"저, 사실 제가 김치가 너무 먹고 싶은데요, 제가 그쪽으로 갈 계획인데 혹시 밥 한번 먹을 수 있을까요?"

너무나 쌩뚱맞은 말임에도 그분은 다행히도 웃으면서 주소와 전화번호를 메모해주었고 제네바에 오면 꼭 연락하라고 했다. 그리고 제네바에 도착해서 연락을 드렸을 때 기쁘게 날 마중하고 온갖 김치와 한식들로 한 상을 차려주었다. 그날의 그 맛은 지금도 잊지 못한다. 정말 감사했다. 내게 잊을 수 없는 추억을 선사해주신 그 가족분들, 그분들께도 나와의 만남이 좋은 추억이길 바라며, 그분들께 갚지 못한 감사함을 다른 사람들에게라도 갚을 기회가 있기를 바란다.

50대 여자 혼자?
세상에 너무 늦은 시도는 없다

나이가 들면 주름과 흰머리 말고 또 늘어나는 것이 있다. 겁이 많아진다. 그래서 새로운 시도를 하지 않게 되고 익숙함 속에서 안주하려고 한다. 그런 한편 아쉬움도 늘어난다. 더 늦으면 평생 못하지 않을까? 그냥 포기하고 잊어버려야 하나? 겁도 아쉬움도 늘어남과 동시에 미련도 자꾸 생긴다. 아마 더 나이가 들면 더 심해질 것이다. 그러니 이 중에서 하나라도 없애는 시도를 한다면 조금은 청춘을 더 누리게 되지 않을까?

가끔 휴가철에 여행을 떠난 얘기를 동료들과 서로 나누고 있으면 대부분 자신의 휴가철 여행 얘기를 함께 나누게 된다. 한번은 나의 여행 계획을 듣고 있던 한 후배가 부럽다는 듯이 말했다.

"전 아이 어릴 때는 휴가도 좀 가고 했었는데, 애들 학교 들어가면서부터는 여행을 다녀본 적이 없어요. 이것저것 들어가는 게 많아서 여행을 갈

비용도 없었고요. 그런데 이제는 좀 다니고 싶네요."

"나도 이번에 몇 년 만에 가는 거야. 생활비에서 쪼개서 여행을 가기가 쉽지는 않아. 그러니까 아예 처음부터 여행통장을 만들어서 따로 모으고 여행경비를 써야 좀 수월하게 여행 갈 수 있어. 지금부터라도 한 번 모아 보는 건 어때? 가고 싶다면서, 더 늦기 전에 한 번 시도해 봐."

1년 후에 그 후배는 내 덕분이라며 고마워하면서 말했다.

"선배님, 작년에 선배님 얘기를 듣고 여행 통장을 만들었어요. 그래서 이번 여름에 우리 가족 휴가를 가려고요. 제가 숙소도 예약했고, 교통편도 다 마련해 놨어요."

내가 생각해도 쉽지 않은 과정이었을 것이다. 조금씩 더 아껴야 했고 좀 더 열심히 일을 해야 했을 것이다. 하지만 결국 부러워만 하지 않고 실천했기 때문에 결실을 맺을 수 있었다. 성격도 다르고 사는 방법도 다르다. 그런 선택에 대해 옳고 그름을 말할 수는 없다. 하지만 해보고 후회하는 것이 하지 않고 후회하는 것보다는 낫다고 생각한다.

그럼에도 불구하고 나이 오십에 막상 혼자서 유럽으로 여행을 가려고 생각하니 선뜻 결정하기가 쉽지 않았다. 그냥 '동남아로 패키지여행이나 갈까?'하고 생각했다가 어릴 때 이긴 하지만 '자유여행을 한두 번 한 것도 아닌데 그냥 가자'라는 생각도 하며 며칠을 고민을 했었다. 그러나 결국 하고 싶은 마음이 두려운 마음을 이겼다. 20대에 배낭여행으로 갔던 유럽은 주로 중부유럽이 중심이었다. 그러다 보니 동유럽을 보고 오지 못한 아쉬움이 늘 있었는데 이번이 가고 싶었던 프라하를 볼 수 있는 기회라는 생각에 결국 결심했다.

20여 년 만에 떠나는 유럽 여행. 이번엔 짧게 한 나라만 보고 오는 여행이었지만 여행 문화도 방식도 너무 많이 변해 있었다. 제일 먼저 항공편 예약하기. 가장 저렴하면서도 시간에 맞는 비행기를 찾다 보니 경유 항공편을 예약할 수밖에 없었다. 중간에 경유 시간이 2~3시간이었는데 아무래도 그냥 공항에서 버티기에는 체력적으로 힘들 것이라는 생각이 들었다. 가장 좋은 방법은 VIP 라운지 활용이었다. 라운지 사용을 위해서 카드도 만들고 도착 시간이 밤늦은 시간이라서 픽업 서비스를 예약했다. 와이파이 사용을 위한 유심도 사고 미리 필요한 앱을 깔고 현지 가이드 프로그램도 예약하고, 그때와는 너무나 다른 여행 서비스들. 훨씬 편리해지고 다양해진 건 사실이다. 하지만 너무 많은 정보가 있으면 무엇이 옳은 정보인지 알 수 없는 것처럼 너무 다양하고 새로운 서비스들이 있으니 도리어 어떤 걸 선택해야 하는지 어떤 방법이 옳은 방법인지 결정하고 실천하는데 더 많은 고민과 시간이 필요했다. 물론 그런 모든 준비과정이 여행의 소소한 즐거움이기는 하다.

하지만 먼 곳을, 나이 먹은 아줌마가, 그것도 혼자 가야 한다는 걱정은 쉽게 가라앉지 않았다. 두렵고 설레는 마음으로 여행을 떠나는 날, 걱정이 현실이 되는 순간이 시작되었다. 첫날부터 사건 사고의 연속이었다. 인천 공항에 도착하니 출발 비행기가 두 시간 반이나 지연된다고 했다. 그렇게 되면 경유 항공편을 사용할 수가 없었기에 급하게 허겁지겁 돌아다니며 다른 항공편을 알아보고 힘들게 겨우 정시에 출발하는 비행기 티켓을 구할 수 있었다.

그렇게 우여곡절 끝에 도착한 프라하 공항, 외국의 낯선 느낌을 기분 좋게 받아들이면 좋았겠지만 예약해 놨던 픽업 기사가 아무리 찾아도 없었다. 다른 방법을 생각할 수 있는 여유가 없이 마냥 기다렸지만 밤은 깊어

가고 이미 대중교통은 끊긴 상태였다. 혹시 몰라서 챙겨왔던 예약지에 적혀 있는 현지 전화번호로 간신히 전화를 걸 수 있었고 보이지 않는 전화상대에게 손짓,발짓까지하며 어렵게 통화한 끝에 밤 12시가 다 되어서야 픽업 기사를 만나 겨우 호텔에 도착할 수 있었다.

너무 길고 길었던 20여 시간의 힘든 여정이었다. 지금 생각해도 장면 하나하나가 모두 아찔했다. 그래도 여행은 역시 여행이다. 그다음 날부터의 여행은 설레고 즐거웠다. 가장 하고 싶었던 스카이다이빙의 짜릿함과 미리 신청한 현지 가이드 프로그램이 생각보다 너무 좋았다. 안정적인 큰 여행사보다는 작지만 이제 시작하는 열정이 가득 찬 곳이 좋지 않을까 하는 생각도 있었고 리뷰도 좋아서 선택했는데 정말 탁월한 선택이었다. 게다가 내가 원하는 식당, 장소, 공연에 대한 안내도 시간에 상관없이 친절하게 알려주니 그 덕분에 좋은 추억을 가질 수 있었다.

50세 여자 혼자 해외여행을 떠나기가 쉽지 않다. 그렇게 결정하고 실천한 나 자신을 진심으로 칭찬하고 싶다. 시도도 하지 않았다면 내 인생에 그런 추억은 없을 테니까. 시작하기에 너무 늦은 시기는 없다. 지금이라도 정말 하고 싶은 일이 있다면 당장 한 발 내딛어보자.

누릴 수 있는 것은 다 누리자

식도락 여행, 유적지 여행, 박물관 여행, 트레킹 여행, 쇼핑 여행, 테마 여행 등 여러 가지 방식의 여행이 있다. 그중 자신에게 맞는 여행을 한다면 더욱 행복한 여행이 되지 않을까? 그리고 때로는 특정한 나라에서만 할 수 있는 것들도 있다. 아이슬란드의 오로라, 모로코나 몽골의 사막 투어, 뉴질랜드의 번지점프, 호주나 프라하의 스카이다이빙, 시베리아 횡단 열차 등이 그렇다. 아마 이 중 한두 개 정도는 버킷리스트로 가지고 있는 사람들이 많을 것이다. 나도 그렇다. 이 중 몇 가지가 나의 버킷리스트이고 하나씩 실천하고 있다. 한살이라도 좀 더 젊었을 때 도전해볼 걸 하는 생각에 조금은 후회가 되지만 건강이 허락하는 한 꼭 해보려고 한다.

진정 원하는 것은 때가 있나 보다. 꿈만 꾸던 유럽 배낭여행은 20대 때 실천했지만 정말 하고 싶었던 스카이다이빙을 나이 50이 되어서야 결국

하게 되었으니 말이다. 20여 년이 넘는 시간 동안은 내가 아니라 며느리, 아내, 엄마로서 살아온 시간이었다. 가족끼리 여행도 했고 휴가를 보내기도 했지만 가족을 위한 여행이었을 뿐 온전히 나만을 위한 여행은 아니었다. '이렇게 살면 결국에는 내가 사랑하는 사람들을 원망할 수도 있겠구나.' 라는 생각에 결단을 내리고 여행을 계획하기 시작했다. 그리고 일단 원칙을 세웠다.

첫째, 두려워 말고 혼자 떠나보자.

둘째, 이왕 가는 거 내가 가보지 않았던 나라로 가자.

셋째, 가서 그 나라에서 특별히 즐길 수 있는 걸 다 해보자.

그래서 선택한 곳이 체코 프라하 자유여행이었다. 그리고 그 나라에서 제대로 즐길 수 있는 스카이다이빙을 하기로 했다. 20대에 해보지 못한 바로 그것이다. 프라하는 이렇게 두가지의 꿈을 동시에 이룰 수 있게 해 주었다.

고대하던 스카이다이빙이 예정된 당일, 다행히 날씨는 너무 좋았고 떨리는 마음으로 예약장소로 갔다. 대부분 20~30대의 젊은 여행객들이었다. 그날 예약자의 절반은 한국인, 절반은 외국인이었다. 안내해주고 교육해주시는 분들은 당연히 현지 분들이셨지만 워낙 한국인들이 자주 많이 오기 때문에 간단한 한국어를 사용하면서 재미있게 교육해주었다.

드디어 비행기가 이륙하고, 생각보다 높이 올라가는 바람에 점점 긴장도는 머리 끝까지 상승하고 구름 위로 훌쩍 올라갔을 때 비행기 문이 열렸다. 모든 일이 순식간에 일어난 일처럼 잠시 멍한 상태로 있는데 갑자기 몸이 공중에 붕 뜨며 어디 디딜 곳 하나 없는 짜릿한 기분이 느껴졌다. 온몸으로 전해지는 공기의 압력으로 귀와 코가 막히긴 했지만 눈 앞에 펼쳐지는 하늘, 그리고 구름, 순식간에 구름을 뚫고 내려가 낙하산을 펼친 후 눈앞의 아름다운 풍경들은 절대 잊을 수 없는 내 생애 최고의 경험이었다. 그것도 50대 아줌마의 힘으로 해낸 쾌거였다.

다른 사람들도 꼭 한번은 경험했으면 좋겠다. 내게 체코 프라하는 관광지로서도 좋았지만, 스카이다이빙으로 인해 특별한 곳으로 영원히 기억에 남을 것이다. 그리고 아직 또 하고 싶고 가고 싶은 곳이 남아 있으니 얼마나 행복한지 모르겠다. 조금이라도 더 건강할 때 여건이 허락되는 대로 하나씩 이루고 싶다.

때로는 팬활동도 여행의 목적이 된다

예전엔 취미라고 하면 독서, 영화감상, 이 정도로 생각했었다. 그런데 이제는 본업보다 취미에 더 시간과 돈을 들이는 경우가 늘어나고 있다. 미래를 위한 자기계발도 중요하지만, 지금의 나의 즐거움도 중요하다고 여기는 시대가 되었기 때문이다. 취미로 하는 행동이 인생의 제2막을 열게 되는 경우도 있으니 꼭 틀린 생각은 아니다. 취미는 무엇일까? 사전적 정의로는 '즐거움을 얻기 위해 좋아하는 것을 지속해서 하는 것, 현대적 의미의 여가 선용 활동'이다. 즐거운 일은 계속하게 된다. 이렇게 지속해서 하게 되면 잘하게 된다. 이 잘하게 되는 일이 수입 또한 창출하게 되면 제2의 직업이 될 수도 있다. 하지만 모든 취미가 그렇지는 않다. 도리어 돈과 시간만 지속해서 잡아먹는 취미도 있다. 그래도 즐거움 때문에 그만두기가 쉽지는 않다.

남편과 나는 취미가 다르다. 남편은 등산이나 낚시를 좋아한다. 다행히 직장 동료 중 함께 마음 맞는 사람들이 있어서 함께 취미를 즐긴다. 몇 번 나에게 권하기도 했지만 즐겁지 않은 일을 남편이 하자고 하게 되지는 않는다. 그래서 난 나의 취미생활을 따로 즐긴다. 난 여행이 즐겁다. 그리고 드라마나 영화, 책을 보는 것이 즐겁다. 어떻게 생각하면 극과 극의 취미를 갖고 있다고 할 수 있다. 그런데 가끔은 이 두 가지가 겹쳐질 때가 있다. 그럴 때 느끼는 즐거움은 상상할 수 없을 만큼 더 커진다.

몇 년 전의 일이다. 드라마를 좋아하는 나는 여전히 내가 좋아하는 장르의 드라마를 열심히 시청하고 있었다. 그러다 소위 '드라마 폐인'이 되어 버렸다. 그 드라마에 빠져서 몇 번씩 다시 보기를 하고 블로그, 갤러리 등 여러 커뮤니티를 찾아다니고 그러면서 그 드라마 주인공들의 팬이 되었다. 아마도 팬 활동을 즐길 수 있었던 가장 큰 이유는 온라인을 통해서 알게 된 팬덤 덕분이라고 생각한다. 팬카페 활동이든 블로그 활동이든 같은 관심이 있는 사람들은 어느새 아이디가 눈에 익숙해지면서 온라인상에서의 친밀감이 커지게 된다. 그런 친밀감이 때로는 오프라인까지 이어지기도 하는데 그때의 경우가 그랬다. 물론 시간이 흐르면서 서서히 만남이나 연락하는 횟수가 줄어들면서 진짜 마음이 맞는 몇 명만 관계를 유지하고 있지만, 그때는 모임의 규모가 작지 않았다. 오프라인으로도 서로 친밀하게 되면서 함께 모임을 만들게 되고 팬 미팅도 함께 가고 서로 연락하면서 팬들끼리 더욱 친밀하게 지냈다.

한 번은 팬미팅에 참석해서 일본 팬미팅 소식을 접했고 그중 몇 명이 일본 여행 겸 팬 미팅을 참석하자고 제안을 해왔다. 외국에서 우리나라의 한류스타를 보기 위해서 오는 경우는 많이 봤었다. 그런데 우리나라 스타의 팬 미팅을, 지방도 아니고 외국에서 하는 팬미팅까지 참석하기 위해서 여행을 간다? 나로서는 상상조차 해보지 못하던 일이었다. 하지만 가고 싶은 마음이 차고 넘쳤는지 머릿속을 정리하면서 생각을 합리화시키기 시작했다.

'팬미팅을 위해서 일본 여행을 가는 것이 아니라 일본 여행을 가서 때마침 팬미팅이 열리니 참석하는 것이다.'

꼭 팬 미팅이 아니라 마음 맞는 사람들과 해외여행을 가는데, 여행도 하면서 좋아하는 스타의 팬 미팅까지 참석할 수 있다면 금상첨화가 아닌가 하는 생각이 들었다.

다행히 팬 미팅 표를 구할 수 있었고 휴가도 낼 수 있어서 일본 여행 겸 팬 미팅을 참석하게 되었다. 같은 마음을 가진 사람들이 같은 목적으로 낯설지만 매력적인 곳에서 여행을 함께한다고 생각해 보라. 상상하는 것보다 훨씬 즐겁고 행복한 여행이다. 마음 맞는 사람들과 여행을 하면서 좋아하는 스타의 팬 미팅까지 참석하게 되니 일석이조가 아닌가.

여행할 때는 여러 가지 목적이 있을 수 있다. 친구들끼리, 가족과의 화목을 위해, 원하던 관광지를 보기 위해서, 공부나 출장을 위해서 등등. 그런데 이 여행을 하는 데 있어서 좋아하는 이유가 몇 가지가 겹쳐질 수 있다면 더욱 행복한 여행일 수 있다.

추억을 잃어버린 순간

무엇이든지 잃어버린다면 슬프고 속상한 게 당연하다. 그중에서 가장 속상할 때는 무엇을 잃어버릴 때일까? 아마도 추억이 찍혀 있는 사진이 아닐까? 사진을 전문적으로 찍는 사람이나 취미로 하는 사람이 아니라면 대부분 핸드폰으로 사진을 찍는다. 외국으로 여행을 가도 이제는 카메라를 들고 가는 사람보다는 그저 핸드폰으로 모든 걸 해결하는 사람들이 더 많아졌다. 나도 매한가지였다. 핸드폰으로 모든 사진을 찍고 갤러리에 앨범을 만들어서 저장해두고, 그렇게 관리를 해왔다.

해외여행을 할 때도 데이터만 신청해놓으면 핸드폰으로 모든 일이 해결되니까 가볍게 핸드폰만 손에 들고 여행을 했다. 문제는 그때 발생했다. 손으로 들고 다녔다는 것. 그것이 문제였다. 사실, 이 모든 일의 발생은 내 부주의도 문제이겠지만 우리나라와 외국이 다르다는 사실을 제대로 인식하지 못한 게 가장 문제였다. 어느 순간부터 자꾸 물건을 깜박깜박 잊곤 했다. 특히 핸드폰을 들고 다니면서 아무 생각 없이 책상 위나 화장실, 세면대 등에 올려놓고 잊어버린 후 아차 하면서 급하게 다시 찾아오는 일이 종종 있곤 했었다. 그런데 사실 우리나라는 공공장소이건 카페이건 회사이건 상관없이 대부분 그 자리에 그대로 있거나 아니면 주인에게 맡겨놓는 일이 대부분이다. 그렇다. 거의 잃어버리지 않는다. 다시 가면 있는 경우가 대부분이니까. 하다못해 지갑을 테이블 위에 올려놔도 아무도 건드리지 않는다. '지갑 주인이 곧 다시 오겠지'하고 생각하던가 정 안 오면 가게주인에게 맡겨서 찾아주라고 하는 것이 바로 우리나라 사람들이다. 그런 생활에 나도 모르게 너무 젖어 있었나 보다.

마카오로 여행을 갔을 때 작은 가방을 챙겨서 그 안에 지갑, 핸드폰 등을 넣기는 했었지만, 사진을 찍느라고 핸드폰을 꺼낼 때가 많았기 때문에 대부분 손에 들고 있었다. 마카오 호텔에서 사진도 찍고 아이쇼핑을 하던 중 화장실에 가서 손을 씻으려고 세면대 부근에 핸드폰을 놔뒀는데 그때 마침 그 화장실에 사람이 매우 많았다. 워낙 관광지이기도 했고 휴가철인 데다가 단체 관광객이 왔는지 사람들이 바글바글 했는데 손을 씻고 아무 생각 없이 화장실을 나왔다가 아차 싶어서 뛰어 들어갔는데 이미 핸드폰은 사라진 뒤였다. 그사이에 아까 많았던 사람들도 이래저래 많이 빠져나갔고 혹시 몰라서 주변을 싹 뒤졌지만 찾을 수가 없었다. 핸드폰 자체도 아까웠지만 무엇보다도 핸드폰에 저장되어 있던 사진들 연락처 그리고 그 외에 여러 자료 그 때문에 점점 머리는 하얘지고 도대체 어떻게 찾을 수 있을지 아니 어떻게 해야 하는지 완전히 멘붕이었다.

만약 가이드와 함께하는 여행이었다면 어떻게든 도움을 구했겠지만, 친구와 나 둘이서 하는 자유여행이었기 때문에 주변에 도움을 구할 사람도 없었다. 그래서 호텔 보안에 도움을 구했다. 잘 되지도 않는 영어로 필요한 단어 몇 개로 어찌어찌 의사소통을 시작했지만 돌아온 대답은 화장실 내에는 CCTV도 없고 입구의 CCTV를 본다고 해도 누구인지 알 수 없음으로 아무 소용이 없다는 거였다. 결국 포기하고 확인서만 받았다. 한국으로 전화해서 카드 정지를 하고 가입한 여행자 보험회사의 고객센터에 전화에서 상황을 설명 후 필요한 자료에 대해서 안내를 받았지만, 그날이 여행 마지막 날이었고 경찰서까지 가서 의사소통이 가능할 것 같지도 않고 해서 포기를 하고 나머지 일정을 마친 후 귀국길에 올랐다.

친구가 찍었던 사진이 있었기 때문에 메일로 보내 달라고 부탁하고 연락처도 당장 급한 것만 공유받고 집으로 왔다. 핸드폰 분실사건으로 즐거웠어야 할 여행의 마무리가 망쳐지고 말았는데 그게 친구에게 너무 미안했다. 이런 실수를 해서는 안 되는 거였는데, 이제 나머지 정리를 잘해야겠다는 마음으로 두 군데에 보험청구를 했다. 여행자보험으로는 핸드폰 분실에 대한 부분, 핸드폰 보험도 가입했었기 때문에 보상 신청을 했는데, 다행히 호텔 보안에게 받은 확인서가 서류로 인정되어서 같은 핸드폰을 약간의 자기부담금을 지불하고 새 걸로 받을 수 있었다.

기록들은 구글 계정에 연동된 걸 찾고, 사진의 일부도 클라우드로 찾고 손실이 있기는 했지만, 일부 복원이 가능했기 때문에 손해가 크지는 않았다. 얼마나 다행이었던지. 이번 사건을 통해서 깨달은 것은 해외로 가면 우리나라와는 많은 부분이 다를 수 있으니 정신 차리자는 것과 일단 여행자보험, 핸드폰 보험 등 기본적인 보험은 꼭 가입해야 한다는 사실이었다. 다행히 마지막 날의 사건이 있었음에도 불구하고 친구는 오랜만의 즐거운 여행이었다면서 좋은 기억을 가지고 있다.

　대부분의 사람은 보험은 비용이라며 안 일어날 수도 있는 일에 대해서 돈만 나간다는 생각으로 가입하기를 싫어한다. 지인의 권유에 어쩔 수 없이 가입하던가, 또는 보험의 혜택을 받은 사람만 가입한다. 그런데 막상 내가 이번 일을 통해서 보험의 혜택을 받고 보니 미리 준비하는 태도가 현명하다는 것을 다시 한번 알 수 있었다. 소 잃고 외양간 고치는 것은 아무 소용없는 일이다. 내가 조절할 수 없는 일들이 일어날 수 있다는 생각으로 미리미리 준비하는 삶을 실천한다면 어떤 상황이 되어도 잘 해결해 나갈 수 있다.

온전한 나만의 시간

누구에게나 혼자만의 시간이 필요하다. 어렸을 때는 잘 몰랐있는데 성장하면서부터는 혼자만의 시간 그리고 공간을 갖고 싶었다. 내가 사춘기 시절 가정형편이 어려웠기 때문에 독립적인 공간을 갖기가 어려웠다. 남매이긴 했지만, 여건이 허락하지 않으니 그냥저냥 적당히 내 공간도 가족 공간도 아니게 사용할 수밖에 없었다. 그러다가 내가 고등학생 내 동생이 중학생일 때 엄마가 방에 붙어 있는 베란다를 방으로 만들어서 내게 사용하게 해주셨다. 춥기도 하고 좁기도 했지만, 처음으로 나만의 공간이 생겼기 때문에 기쁘고 행복했던 기억이 있다.

그런데 도리어 결혼하고 나서 나만의 공간도 시간도 없어져 버렸다. 아마도 내가 처음부터 시어머니를 모시고 살았기 때문이 아닐까? 시도 때도 없이 날 찾는 어머니, 집에 있을 때는 나만의 시간을 갖는 게 너무 힘들었다. 아이가 태어나고 나서는 더 심해졌다. 어떨 때는 아이와 어머니가 동시에 나에게 말을 할 때도 있었으니까 말이다. 그러면 때로는 아이보고 잠깐 있다가 얘기하라고 하기도 하고, 어떨 때는 어머니에게 좀 있다가 말씀하시라고 할 때도 있었다. 그래서 생각해낸 것이 독서였다. 가족들이 TV를 보고 있을 때 난 방에서 책을 읽었다. 최소한 날 부르기 전까지는 그래도 나만의 시간이었기 때문이다.

아이가 초등학교 때의 일이다. 아마 선생님께서 가족들이 무엇을 하는지 시간별로 관찰하고 작성하는 숙제를 내주셨었나 보다. 방으로 거실로 왔다 갔다 하면서 뭘 작성하길래 나중에 봤더니 엄마, 아빠, 할머니 이렇게 구분해서 시간마다 하는 일을 작성한 거다. 거기에 아빠와 할머니는 TV 시청으로 되어 있었고, 엄마는 '처음엔 김치전 만드심. 그 이후부터는 독서, 독서'라고 적혀 있었다. 퇴근하거나 주말에는 운동이나 산책으로라도 집 밖에 나가는 걸 싫어하셔서 그저 집안에만 있을 수밖에 없었고 그러다 보니 대안이 독서였었다. 그 덕에 책을 많이 읽었으니 좋았다고도 할 수 있겠다.

그런데 마흔이 넘으면서 몸이 여기저기 아프기 시작하고 여러 가지 스트레스로 운동을 해야 한다는 필요성이 점점 커지기 시작했다. 그래서 저녁식사 후에는 항상 집 앞 공원으로 산책 겸 걷기를 하기 시작했다. 매일 끊임없이 하다보니 가족들도 익숙해져서 어느 순간부터는 별말 없이 혼자 나갈 수 있었다. 가족에게도 그 시간만큼은 할애를 받을 수 있었고 음악을 들으며 공원을 산책하면서 온전히 나만의 시간을 누리며 스트레스를 풀 수 있었다. 그 효과는 대단했다.

처음엔 음악을 들으면서 음악에 집중하기만 했었다. 그런데 어느 한 순간 음악은 주변의 잡음을 차단하며 세상과 나를 분리해주는 문이 되면서 내가 고민하던 일, 결정해야 하는 일, 일할 때 필요했던 아이디어들을 생각하고 떠올리는 시간을 선사해 주었다. 산책도 점차 운동이 되면서 처음엔 30분, 40분씩 걷다가 1시간은 무리 없이 걷게 되면서 살도 빠지는 효과까지 생겼다. 처음엔 괴롭고 힘든 일을 조금이라도 잊기 위해서 시작했는데 이제는 하루 중 가장 기다리는 시간이 되어 버린 공원 산책 시간, 내 인생에서 너무나 중요한 시간으로 자리 잡았다.

자신만의 시간, 공간을 갖는다는 것이 때로는 스트레스도 풀게 해주고, 때로는 충전도 시켜주면서 다시 한번 일상을 살아낼 힘을 준다. 아직, 애가 어려서 혹은 너무 바빠서 나만의 시간을 갖지 못하고 삶에 허덕이고 있다면 그냥 한번 해보라고 말하고 싶다. 습관이 되기까지 나도 가족도 처음엔 좀 힘들긴 하지만 시간이 흐르면 내 인생의 아주 소중하고 중요한 시간으로 자리 잡게 될 것이다.

슬플 때 함께 해주는 사람이 더 소중하다

결혼식과 장례식이 있다. 둘 다 내게 소중한 사람의 기념일이다. 그런데 겹쳤을 때 둘 중 어느 곳을 가겠는가? 나는 장례식에 참석한다. '기쁨은 나누면 2배가 되고, 슬픔은 나누면 절반이 된다'는 말은 누구나 한 번쯤은 들어본 말이다. 그런데, 이 말을 가슴으로 느낀 사람들은 누군가의 슬픔을 함께해주는 일에 주저하지 않게 된다.

100세 시대라고 얘기하는 고령화의 시대에 난 아버지를 남들보다는 좀 빠르게 잃었다. 물론, 이미 결혼해서 가정을 이루고 있기는 했지만, 아직 30대의 나이에 준비가 되지 않은 채 아빠를 떠나보내야 했다. 지금은 딸바보, 아들 바보 이런 말이 어색하지 않지만, 예전에는 남아선호사상이 지배적이었기 때문에 항상 아들이 사랑받고 인정받던 시대였다. 그런데도 우리 아빠는 남동생보다 나를 끔찍이 위하셨다. 정말 딸 바보였다. 그렇게 사랑을 주시던 아빠가 돌아가셨을 때의 그 상실감. 이제 나를 무조건 사랑해 주시던 분이 이 세상에 안 계시는구나. 목소리도 들을 수 없고 생각이 나도 볼 수 없구나. 따뜻한 눈으로 바라보면서 응원해 주시던 그 마음을 이제는 느낄 수 없다고 생각하니 그 상실감은 이루 말할 수 없었다.

우리 가족 모두 너무 어렸던 나이, 뭘 어떻게 해야 할지도 모른 채 그저 슬픔에만 휩싸여 있었는데, 다행히 남편 직장동료들이 많이 도와줘서 큰일을 잘 치를 수 있었다. 그리고 그때 잊지 않고 찾아와주었던 내 직장동료와 친구들, 참석할 거라고는 생각도 하지 못했던 직장동료의 참석과 울다 지쳐 잠들어버린 나를 깨우지 않고 조용히 밤늦게 왔다 간 친구, 장례식 내내 내 옆을 지켜준 사랑하는 내 친구, 슬플 때 나와 함께 해준 사람들이 기쁠 때 함께 해준 사람들보다 훨씬 고맙고 소중한 걸 알게 된 순간이었다.

그 이후 내게는 하나의 원칙이 생겼다. 결혼식에는 참석 못 해도 장례식에는 참석하자. 왜냐하면 슬픔은 나누면 진짜 절반이 되기 때문이다.

이왕이면 슬픈 일 겪지 않고 기쁘고 행복하게 하루하루 살아갈 수 있다면 정말 좋겠지만, 삶은 원래 잔인한 법이다. 기쁜 일보다는 슬픈 일이 더 많을 수도 있다. 사실 너무 힘들고 괴로울 때는 누구도 만나고 싶지 않다. 적어도 나는 그렇다. 내 인생에서 가장 힘들었던 순간이 기억난다. 아무도 만나고 싶지 않았고 밥도 먹을 수가 없었고 잠도 잘 수가 없었다. 그저 눈물만 끊임없이 흘렀고 죽고만 싶었다. 다 차단하고 혼자 있고 싶었던 그때, 내 방어막을 허물고 들어올 수 있던 사람은 내 오랜 친구였다. 그냥 밀고 들어와서 억지로 먹이고 우는 나와 함께 울어주고, 그렇게 난 그 시간을 이겨낼 수 있었다.

모든 일은 다 지나간다. 다만 지나가는 그 시간 동안 어떤 시간을 보내는지는 다 다를 것이다. 슬프고 고통스러웠을 때 극복할 수 있도록 위로해 준 많은 소중한 사람들을 생각하며 나도 누군가의 슬픔과 고통을 줄여주는 한 사람이 되고 싶다. 그렇게 이 세상은 그래도 살아갈 만한 곳이라고 추억할 수 있기를 바란다.

뒤돌아보면 세상은 좀 더 아름답다

요즘은 뉴스를 보기가 겁이 난다. 이제까지도 기분 좋고 따뜻한 뉴스보다는 화가 나고 무서운 뉴스가 더 많았지만, 최근엔 뉴스 제목들을 보면 클릭해서 읽고 싶지가 않을 정도로 우울하고 좌절감을 주는 내용이 점점 더 많아지고 있다. 여러 가지 이유가 있겠지만 아마도 코로나19로 인한 영향이 가장 클 것이다. 그렇다 보니 코로나 블루, 코로나 레드와 같은 새로운 용어도 생겨나고 있다. 코로나 블루(우울)는 알겠는데 코로나 레드는 뭔가 했는데 여기에서 레드는 분노를 뜻한다고 한다. 전염병으로 여러 힘든 상황들이 생기는데 그게 나 때문은 아니니까 왠지 모를 억울함, 분노 이런 감정에 휩싸이게 되는데 그런 감정을 코로나 레드라고 한다는 거다.

라디오에 나오던 코로나 블루라는 단어를 듣자마자 문득 몇 년 전 세월호 사건이 생각이 났다. 그때는 정말 온 국민이 몇 달 동안 우울증에 시달

렸었다. 예능 방송은 하지도 않았고 라디오에서는 DJ 없이 음악만 나오곤 했었다. 지금도 그때 생각만 하면 울컥하면서 눈물이 고인다. 아직도 치유되지 않은 사건, 게다가 그때 내 아이도 수학여행을 갈 예정이었던 고 1이었기 때문에 더 감정이입이 되어 힘들었던 것 같다. 세월호는 시작도 슬픔이었고 아직도 슬픔이 진행 중이다. 그래서 블루라는 말을 들으면 항상 그 사건이 떠오르고 우울해진다.

그런데 코로나 팬데믹은 시작도 진행도 그때와는 좀 다르다. 처음엔 공포와 두려움으로 시작을 했다. 전염병이라는 것은 내가 통제할 수 없는 부분이니까, 그리고 너무 전염력도 강하고 해서 두려움을 훨씬 많이 가졌던 것 같다. 그런데 계절이 네 번 바뀌어 가는데도 좀처럼 사그라지지 않으면서 일상이 무너지고 생활이 점점 힘들어지니까 우울감이 증폭되더니, 이제는 뭔가 모를 억울함과 분노마저 생기고 있다. 문제는 지금부터다. 분노라는 감정은 인간을 망칠 수 있는 가장 최악의 감정이다. 특정한 대상이 있는 분노도 사람을 망치기가 쉬운데, 지금처럼 특정한 대상이 없는 분노는 엉뚱한 대상을 향한 혐오가 될 수도 있고 자신을 망치는 타락이 될 수도 있다.

지금 시대를 차별과 혐오의 시대라고 한다. 익명성이 보장되는 온라인을 통해서 혐오를 조장하는 선동적인 글이나 영상이 너무 많다. 그래서 자신도 모르게 혐오에 휩쓸리게 되고 때로는 이런 혐오가 결국 범죄가 되기도 한다. 혹자는 처음 코로나가 시작될 때 완전 봉쇄를 해야 했다고 말한다. 그게 맞는 말일 수도 있다. 하지만 역사를 돌이켜 보면 전염병이 창궐했을 때 그 마을을 봉쇄해서 병자이건 아니건 다 죽어도 그때뿐 다시 전염병은 돌고 돌았다. 도리어 전염병에 걸린 사람들과 그 가족들에 대한 연민을 가지고 치료 약이나 백신을 만들려고 했던 몇 명에 의해서 결국 전염병을 막을 수 있었다.

지금과 같은 글로벌 시대에 완벽한 봉쇄란 있을 수 없다. 도리어 또 다른 혐오의 대상만 만들어질 뿐이다. 과거에서 배우지 못하면 발전을 할 수 없다. 코로나 팬데믹을 이겨내기 위해서 사회적 거리 두기를 잘 지키면서 물리적인 바이러스의 차단 경로를 끊어야 하는 건 맞다. 하지만 인간관계나 사람의 마음마저 끊으면 안 된다. 분노가 불특정 대상을 향한 공격성으로 변하기 전에 그들 또한 나처럼 힘든 사람들이구나 하는 연민의 감정을 가지자. 동전의 양면처럼 모든 것에는 그 이면이 있다. 레드가 분노라는 감정을 대신해서 사용되기도 하지만 원래 레드는 정열, 열정, 사랑, 따뜻함을 표현했던 색이었다. 코로나 레드가 단순히 분노를 표현하는 데 그치지 않고 따뜻한 연민으로 이 상황을 이겨낼 수 있는 단어로 변하기를 바란다.